Dr. Siegfried Schmitz

Terrarientiere

Echsen, Schildkröten, Frösche,

Salamander, Insekten und andere

Anschaffung, Ernährung, Pflege

BLV

Die Deutsche Bibliothek –
CIP-Einheitsaufnahme

Schmitz, Siegfried:
Terrarientiere : Echsen, Schildkröten, Frösche, Salamander, Insekten und andere ; Anschaffung, Ernährung, Pflege / Siegfried Schmitz. –
München ; Wien ; Zürich : BLV, 1997
ISBN 3-405-15090-6

BLV Verlagsgesellschaft mbH
München Wien Zürich
80797 München

Lektorat: Dr. Friedrich Kögel
Herstellung und Layout :
Sylvia Hoffmann
Einbandgestaltung:
Studio Schübel, München
Einbandfoto: Reinhard Tierfoto
Druck: Appl, Wemding
Bindung: Auer, Donauwörth

Printed in Germany
ISBN 3-405-15090-6

Bildnachweis:
Altmann: 118
Angermayer: 62 , 88, 93o
Angermayer/Pfletschinger: 13, 114o, 122
Cramm: 19, 34, 38, 42, 51, 55, 61, 68, 70o, 71u, 72, 93u, 99, 102, 103, 109, 115, 119, 123
Hecker: 92, 116, 121
Herrmann: 6, 10, 11, 21, 25, 30
König: 1, 8, 45, 58, 59u, 64, 66, 69, 71o, 84, 87, 94, 95, 101, 108, 112, 113, 120, 124
Pforr: 54, 59o, 76, 80, 82, 86, 91, 98, 106, 114u
Reinhard: 40, 43, 49, 50, 52, 53, 56, 60, 74o, 74u, 105, 107
Sauer: 57, 70u
Tetra-Werke: 29
Wothe: 2, 17, 37, 47, 48, 63, 65o, 65u, 77, 78, 110

Grafiken: Daniela Farnhammer

Inhalt

In einem solchen geräumigen Terrarium, das die schwülen Klimabedingungen eines tropischen Regenwaldes nachahmt, fühlen sich die farbenprächtigen Baumsteigerfrösche (Dendrobates azureus) sichtlich wohl.

Einführung

Die Terraristik – ein weites Feld

Mit dem anspruchsvollen Fachwort Terraristik bezeichnet man die Haltung, Pflege und Zucht von Tieren in Terrarien. Das dazu erforderliche Wissen ist in der Terrarienkunde vereint.

Bevor wir diese spröden Definitionen mit Leben erfüllen, müssen wir zunächst zu klären versuchen, was unter einem **Terrarium** zu verstehen ist. In dem Begriff steckt das allbekannte lateinische Wort »terra« (Land) – im Gegensatz zu »aqua« (Wasser), von dem sich das Aquarium herleitet. Das Terrarium wäre demnach ein Behältnis, in dem »Landtiere« untergebracht werden können. Doch so einfach und eindeutig ist die Sache nicht. Denn während das Aquarium bekanntlich fast ausschließlich Fischen vorbehalten ist, kann ein Terrarium höchst unterschiedliche Lebensformen beherbergen, sogar wasserbewohnende Tiere wie beispielsweise Molche oder Wasserschildkröten.

Man sieht, die Übergänge zwischen Aquarium und Terrarium sind fließend, und die Terraristik ist, im Vergleich zur herkömmlichen Aquaristik, in der Tat »ein weites Feld«. Aquarientiere begnügen sich normalerweise damit, in ihrem Wasserbecken hin und her zu schwimmen; Terrarientiere sind zum Teil ebenfalls gute Schwimmer, aber sie verfügen noch über viele andere Fortbewegungsweisen: Sie können kriechen, krabbeln, schleichen, laufen, rennen, klettern, springen oder sogar fliegen.

Diese Vielfalt der Tiergestalten und des Tierverhaltens macht die besondere Faszination der Terrarienliebhaberei aus. Noch ein weiterer Reiz kommt hinzu: Mit Aquarienfischen kann man allenfalls stumme Zwiesprache durch die Beckenscheiben halten, aber keine persönliche Beziehung herstellen, wohingegen viele Terrarienbewohner sich immerhin anfassen und streicheln lassen und ihren Pfleger als Bezugsperson wahrnehmen, vielleicht sogar eine gewisse Zuneigung zu erkennen geben. Mehr dürfen wir freilich auch von ihnen nicht erwarten. Wer ein richtiges Schmusetier haben möchte, muß sich schon ein Meerschweinchen, eine Katze oder einen Hund anschaffen.

Sinn und Aufgabe der Terraristik lassen sich nach alledem wie folgt zusammenfassen: Es geht uns Terrarianern in erster Linie darum, vielerlei Lebewesen zu pflegen, die uns Menschen biologisch und gefühlsmäßig sehr viel ferner stehen als Hunde und Katzen, und sie im täglichen Umgang und durch genaue Beobachtung besser kennenzulernen und zu verste-

Die Streifennatter ist eine ungiftige Schlange aus Südostasien, die man ohne Bedenken in die Hand nehmen kann. Wahrscheinlich genießt das »kaltblütige« Reptil sogar die Wärme der menschlichen Hand.

hen. Das ist, zugegeben, ein etwas einseitiges Verhältnis, das die nicht wenigen Gegner jeglicher Heimtierhaltung als blanken Egoismus, als Ausnützung und Ausbeutung der Natur kritisieren könnten. Wie kann man einen solchen Vorwurf entkräften? Nun, allein dadurch, daß wir unseren Schützlingen das Leben in Gefangenschaft (das sie selbst übrigens nicht als Gefangenschaft zu empfinden imstande sind) so angenehm wie nur möglich machen, daß wir sie artgerecht unterbringen und ernähren, vor Schäden und Krankheiten bewahren und tunlichst auch zur Fortpflanzung bringen.

Wer all das tut und für seine Pfleglinge viel Geld und Freizeit opfert, handelt sicherlich nicht egoistisch, sondern aus echter Tierliebe. Und die Tierliebe ist bei den Terrarianern erfahrungsgemäß besonders stark ausgeprägt, befassen sie sich doch mit oft sehr ungewöhnlichem Getier, das von vielen Menschen leider immer noch als »häßlich« oder »eklig« verteufelt wird. Jeder Terrarienliebhaber kann ein wenig mithelfen, daß solche weitverbreiteten Vorurteile allmählich abgebaut werden. Schon dadurch erweist er den so übel beleumdeten kleinen Tieren einen großen Dienst.

Und als etwas fortgeschrittener Terrarianer kann er noch einiges mehr tun: Indem er die Lebensgewohnheiten und insbesondere das Fortpflanzungsverhalten seiner Pfleglinge sorgfältig studiert und seine Erkenntnisse weitergibt, etwa in Form von Zuchtberichten für eine Fachzeitschrift, leistet er einen doppelten Beitrag zur Terraristik. Zum einen kommen die so gewonnenen Forschungsergebnisse oder praktischen Tips vielen Terrarientieren zugute, die daraufhin eine noch bessere Pflege erhalten können, und zum andern sorgen die auf diese Weise geförderten Nachzuchten dafür, daß in Zukunft weniger Exemplare für Liebhaberzwecke gefangen, also ihrem natürlichen Lebensraum entnommen werden müssen.

Das breitgefächerte terraristische Schrifttum, zu dem Fachgelehrte und engagierte Amateure gleichermaßen beigetragen haben und dem wir nicht zuletzt den hohen Stand der heutigen Terrarienkunde verdanken, hat übrigens eine lange Tradition. Als ältestes einschlägiges Werk gilt die 1797 erstmals erschienene »Naturgeschichte der Stubenthiere – Saeugthiere, Amphibien, Fische, Insecten, Würmer« des bedeutenden Zoologen und Botanikers Johann Matthaeus Bechstein, der zu Recht als Begründer der Terraristik (und Aquaristik) gerühmt wird. Fast 30 Druckseiten widmet er allein den »Stubenamphibien« (Frösche, Salamander, aber auch Eidechsen und Schildkröten), die schon dazumal von Liebhabern in behelfsmäßigen Terrarien gepflegt wurden. Den Begriff »Terrarium« kannte Bechstein freilich noch nicht; dieses Kunstwort entstand erst einige Jahrzehnte später, analog zu dem bereits früher geprägten »Aquarium«.

Wie fortschrittlich der Autor dachte, belegt ein kleines Zitat aus seiner »Vorrede«, das allen nachfolgenden Terrarienbüchern als Motto dienen könnte: »... es giebt ja wohl der Leser mehrere, welche, durch ein solches Buch angereizt, sich das angenehme Vergnügen machen, eine Amphibie und einen Fisch, ja ein Insect und einen Wurm, der die Stubenluft verträgt, zu beobachten, und welche so nach und nach Geschmack am Studium der Natur finden.«

Die Tiere des Terrariums

Wie umfangreich und vielfältig das »weite Feld« der Terraristik tatsächlich ist, zeigt schon ein summarischer Überblick über die terrariengeeigneten Tiere. Früher beschränkte sich unser Hobby – trotz der bereits von Bechstein vorgegebenen Ausweitung – fast ausschließlich auf nur zwei »Klassen« des Tierreichs: Amphibien (Lurche) und Reptilien (Kriechtiere). Allerdings sind auch diese beiden artenreichen Tiergruppen schon so vielgestaltig, daß sich der Terrarianer auf sehr unterschiedliche Lebensweisen und Haltungsansprüche einstellen muß.

Zu den **Amphibien** gehören nicht nur die jedermann vertrauten Frösche und Kröten, sondern auch Salamander, Molche, Olme und andere mehr. Noch viel größer ist die Bandbreite der Körperformen und -maße und der Anpassungen an unterschiedliche Lebensräume in der Klasse der **Reptilien**. Sie vereint in sich so verschiedenartige Tiere wie die Schildkröten, die Krokodile, die Echsen und die Schlangen. Für die private Tierhaltung kommt jedoch nur ein kleiner Ausschnitt aus dieser Formenfülle in Betracht. Meeresschildkröten, Krokodile, Großechsen und Riesenschlangen wird man im vorliegenden Buch vergeblich suchen, und auch auf die Aufnahme von Giftschlangen verzich-

Krokodile und andere gefährliche Reptilienriesen kommen für die private Terrarienhaltung nicht in Betracht, auch nicht als niedliche Babys, die uns schon bald über den Kopf wachsen würden. Solche Tiere schauen wir uns lieber im Zoo an.

te ich wohlweislich, weil diese allenfalls für erfahrene Spezialisten geeignet erscheinen. Wir begnügen uns damit, solche großen und potentiell gefährlichen Reptilien in den Schauterrarien der zoologischen Gärten zu bewundern. Im übrigen ist die Haltung von Tieren, die wegen ihrer Größe, ihrer Kraft oder Giftigkeit eine Gefahr für den Menschen darstellen, mit bestimmten gesetzlichen Auflagen verbunden.

Reptilien und Amphibien gehören, wie die Fische, Vögel und Säugetiere, zu den Wirbeltieren (Vertebrata), von denen rund 45 000 verschiedene Arten unseren Globus bewohnen. Noch sehr viel größer ist die Artenzahl der »primitiveren« **Wirbellosen Tiere** (Invertebrata oder Evertebrata): Sie beläuft sich auf weit mehr als 1 Million (die tatsächliche Zahl ist wahrscheinlich erheblich höher, weil es vor allem in den Tropenwäldern und in den Weltmeeren noch viele bislang unbeschriebene und unbenannte Arten zu entdecken gibt).

Es liegt auf der Hand, daß aus der Unmenge der Wirbellosen zahlreiche Tiere für die Terrarienhaltung geeignet sind und in den letzten Jahrzehnten zunehmend Eingang in die Liebhaberterrarien gefunden haben. Theoretisch wäre das Angebot schier unendlich groß, doch in der Praxis reduziert es sich auf verhältnismäßig wenige Arten, die uns durch ihre Größe, ihre bizarre Gestalt, ihre Schönheit oder ihr eigentümliches Verhalten besonders faszinieren und die überdies einfach zu pflegen sind und in menschlicher Obhut längere Zeit überdauern. Zu den gängigen wirbellosen Terrarientieren zählen

Die hübschen Rosenkäfer sind harmlose Vegetarier. Sie werden gelegentlich als Futtertiere gezüchtet, geben aber auch interessante Pfleglinge ab, die man in einem kleinen Insektarium halten kann.

beispielsweise bestimmte Schnecken, Spinnen, Skorpione, Krebse, Tausendfüßer und Insekten. Doch das Repertoire ist erweiterungsfähig.
Daß manche Liebhaber sogar kleine Säugetiere wie Goldhamster, Wüstenrennmäuse und Meerschweinchen im Terrarium pflegen und somit zu den Terrarientieren rechnen, sei nur der Vollständigkeit halber erwähnt. Näher behandelt werden diese Arten hier nicht.

Ein bißchen Zoologie

Ganz ohne ein paar theoretische Grundkenntnisse kommt auch der Amateurterrarianer nicht aus, wenn er sein Hobby etwas intensiver und fundierter betreiben will. Dabei geht es in erster Linie um die zoologische **Systematik**, also die sinnvolle Gliederung des Tierreichs, und die **Nomenklatur**, die wissenschaftliche Benennung der Einheiten innerhalb des Systems.
Wer das auf Carl von Linné zurückgehende System der Tierwelt einigermaßen überschaut, gewinnt einen besseren Einblick in größere Lebenszusammenhänge, in die stammesgeschichtlich bedingten Entwicklungsstufen und Verwandtschaftsbeziehungen der verschiedenen Tiergruppen. Das zoologische System ist einerseits von »unten« nach »oben« aufgebaut, von den Einzellern bis zu den Wirbeltieren, deren höchste Stufe die Säugetiere und schließlich wir Menschen darstellen, andererseits von »oben« nach »unten«, von umfassenden Organisationseinheiten zu immer kleineren Kategorien, die der Fachmann Taxa (Einzahl Taxon)

nennt. Zwei wesentliche Taxa haben wir bereits kennengelernt, die »Klasse« und die »Art«. Doch das komplette System enthält noch viele weitere Abstufungen. Man kann es mit einer Pyramide vergleichen, deren wichtigste Stufen in absteigender Folge so benannt werden: Reich (Regnum), Stamm (Phylum), Klasse (Classis), Ordnung (Ordo), Familie (Familia), Gattung (Genus) und Art (Species). Zur Feingliederung haben die Systematiker noch eine Reihe von weiteren Zwischenstufen eingefügt, die wir hier vernachlässigen können.

Die Art oder Species (eingedeutscht Spezies) ist die Grundeinheit der belebten Natur. Eine Art umfaßt sämtliche Einzeltiere (Individuen), die in allen wesentlichen Merkmalen weitestgehend übereinstimmen und untereinander unbegrenzt fortpflanzungsfähig sind, also so etwas wie eine Fortpflanzungsgemeinschaft bilden. Jede Art trägt seit Linnés Zeiten einen aus zwei Teilen bestehenden wissenschaftlichen, also lateinischen oder latinisierten Namen (binäre Nomenklatur), der sich aus dem großgeschriebenen Gattungsbegriff und der kleingeschriebenen eigentlichen Artbezeichnung zusammensetzt. In der streng wissenschaftlichen Literatur folgen auf diesen Namen noch der Name des »Taufpaten«, der das betreffende Tier erstmals benannt hat, und das Jahr der Erstbeschreibung.

Das alles klingt komplizierter, als es ist. Ein Beispiel soll demonstrieren, wie zweckmäßig und logisch das Ganze angelegt ist: Alle Zauneidechsen bilden die Art *Lacerta agilis,* die zur Gattung *Lacerta* (Halsbandeidechsen) gehört. Die nächsthöheren Taxa sind die Familie Lacertidae (Eidechsen), die Ordnung Squamata (Schuppenkriechtiere) und die Klasse Reptilia (Reptilien oder Kriechtiere). Die Reptilien zählen zu den Vertebrata (Wirbeltiere), dem weitaus wichtigsten Unterstamm des Stammes Chordata (Chorda- oder Rückensaitentiere). Die Spitze der Pyramide wird schließlich als Regnum animale (Tierreich) bezeichnet.

Für viele Leser mag das nichts weiter als »graue Theorie« sein, auf die man nur allzu gern verzichtet. Gleichwohl hat diese Theorie, zumal im Bereich des Nomenklaturwesens, auch für die Praxis eine nicht zu unterschätzende Bedeutung. Nicht umsonst werden in diesem Buch – wie in allen anderen Terrarienbüchern auch – den deutschen Tiernamen stets die wissenschaftlichen Benennungen beigegeben. Die deutschen Namen, die sogenannten Trivialnamen, sind vor allem bei ausgefalleneren Tieren oft wenig aussagekräftig oder gar irreführend, und sie werden zudem vielfach uneinheitlich verwendet. Hier schaffen nur die international verbindlichen wissenschaftlichen Namen völlige Klarheit. Deren Kenntnis erweist sich auch in anderer Hinsicht als nützlich, zum Beispiel dann, wenn man weiterführende Literatur oder Fachzeitschriften lesen will, wenn man mit ausländischen Gesinnungsfreunden über seine Liebhaberei korrespondiert oder wenn man sich neue Terrarientiere aus einer Angebotsliste aussucht, in der nur die wissenschaftlichen Namen angegeben sind.

Artenschutz muß sein

Das »weite Feld« der Terraristik ist heutzutage – leider oder erfreulicherweise – längst nicht mehr so weit, wie es noch vor wenigen Jahrzehnten war, denn es ist allenthalben von Paragraphen umstellt und eingeengt, die dem Schutz der natürlichen Umwelt und der in ihr lebenden Tiere dienen.

Früher, als es solche strengen Schutzmaßnahmen noch nicht gab, war es ganz selbstverständlich, daß Kinder Frösche und Eidechsen fingen und in Einmachgläser bzw. Schuhkartons einsperrten oder daß in Zoogeschäften Griechische Landschildkröten und Schmuckschildkrötenbabys massenhaft für ein paar Mark feilgeboten wurden. Heute ist das anders: Unsere einheimischen Frösche und Eidechsen dürfen nicht mehr einfach gefangen werden, und die besagten Schildkröten kommen nur noch vereinzelt und dann zu sehr viel höheren Preisen in den Handel. Das ist gut so. Zwar ist die Terraristik dadurch zu einem vergleichsweise exklusiven und kostspieligen Hobby geworden, aber andererseits wird nachhaltig verhindert, daß jeder Möchtegerntierpfleger, der weder die richtige Einstellung noch den gebotenen Sachverstand mitbringt, auf Kosten der allseits bedrohten Natur Schindluder mit heimischen und exotischen Lebewesen treiben kann.

Erwerb, Besitz und Weitergabe von Heimtieren im allgemeinen und von

Der Teichmolch steht – wie übrigens alle einheimischen Amphibien und Reptilien – unter Naturschutz und darf deshalb nur ausnahmsweise von privaten Liebhabern gehalten werden.

Schutzbestimmungen

In der nachfolgenden Tabelle sind die in diesem Buch behandelten Tierarten oder -gruppen in alphabetischer Reihenfolge aufgeführt. Dabei wird jeweils durch ein Kreuzchen angezeigt, ob die Tiere in den Listen (Anhängen) des Washingtoner Artenschutzübereinkommens (Spalte 1) und/oder der Bundesartenschutzverordnung (Spalte 2) verzeichnet sind.

Seit 1. Juni 1997 gilt grundsätzlich die neue EU-Artenschutzverordnung, die das WA und andere europäische Schutzbestimmungen für alle EU-Länder einheitlich umsetzt. Die dadurch am strengsten geschützten Tiere (Anhang A) dürfen nur als Nachzucht mit CITES-Bescheinigung

	1	2
REPTILIEN		
Afrikanischer Dornschwanz	×	
Apothekerskink		
Äskulapnatter		×
Bartagame		×
Berberskink		×
Brauner Anolis		
Breitschwanzgecko		
Erdnatter		
Griechische Landschildkröte	×	×
Grüner Leguan	×	×
Halsbandleguan		
Indischer Dornschwanz	×	
Kettennatter		
Kornnatter		
Leopardgecko		
Madagaskar-Taggecko	×	

	1	2
REPTILIEN		
Mauergecko		×
Maurische Landschildkröte	×	×
Moschusschildkröte		
Pfauenaugen-Taggecko	×	
Ritteranolis		
Rote Königsnatter		
Rotkehlanolis		
Rotwangen-Schmuckschildkröte		×
Seychellen-Taggecko	×	
Spitzkopfnatter		
Streifengecko		
Streifennatter		
Strumpfbandnatter		
Sumpfschildkröte		×
Tokeh		
Zwerggürtelschweif	×	

gehandelt werden. Für die Arten des Anhangs B ist diese Bescheinigung beim Austausch innerhalb der EU in der Regel nicht erforderlich, wohl aber bei der Ein- oder Ausfuhr aus der EU. Die Anhänge A und B entsprechen den Anhängen I und II des WA, sind jedoch leicht modifiziert worden.
Wer kein Risiko eingehen will, sollte sich im Zweifelsfall bei der zuständigen Naturschutzbehörde oder beim Bundesamt für Naturschutz nach dem neuesten Stand erkundigen.

	1	2
AMPHIBIEN		
Agakröte		
Axolotl	×	
Baumsteigerfrösche	×	×
Bergmolch		×
Blombergkröte		
Carolina-Laubfrosch		
Chinesische Rotbauchunke		×
Feuersalamander		×
Grünlicher Wassermolch		
Indischer Ochsenfrosch		
Japanischer Feuerbauchmolch		×
Kalifornischer Gelbbauchmolch		
Kammolch		×
Krallenfrosch		
Laubfrosch		×
Rauhhäutiger Gelbbauchmolch		
Teichmolch		×
Zwergkrallenfrosch		

	1	2
WIRBELLOSE TIERE		
Achatschnecken		
Ägyptische Wanderheuschrecke		
Australische Riesengespenstschrecke		
Bänderschnecken		
Große Egelschnecke		
Große Rote Wegschnecke		
Gottesanbeterin		×
Indische Stabheuschrecke		
Karibische Landkrabbe		
Landeinsiedlerkrebse		
Skorpione	×[1]	
Riesenskolopender		
Rote Landkrabbe		
Süßwasserkrabben		
Vogelspinnen	×[2]	
Wandelnde Blätter		
Wanderheuschrecke		
Weinbergschnecke		×

[1] nur wenige Arten

[2] nur *Brachypelma*-Arten

Terrarientieren im besonderen werden durch eine wahre Paragraphenflut geregelt, die der Laie kaum noch zu überschauen vermag. Global verbindliche Richtlinien wie das Washingtoner Artenschutzübereinkommen sowie EU-Verordnungen und Bundes- und Ländergesetze sind für den Natur- und Artenschutz maßgeblich und müssen auch vom »kleinen« Terrarianer beachtet werden.

Grundsätzlich muß man wissen, daß sämtliche freilebenden europäischen Reptilien- und Amphibienarten geschützt sind und nur unter bestimmten Bedingungen gehalten werden dürfen – wenn es sich beispielsweise um Nachzuchten in Menschenobhut handelt. Das gleiche gilt für zahlreiche exotische Arten, die früher einmal zum Standardrepertoire der Terrarianer gehörten. Sie stehen auf der »Roten Liste« des bereits erwähnten Washingtoner Artenschutzübereinkommens (WA) und benötigen im allgemeinen eine sogenannte CITES-Bescheinigung, für die, zusätzlich zum Kaufpreis, eine Gebühr zu entrichten ist. CITES ist die international gebräuchliche Kurzform von »**C**onvention on **I**nternational **T**rade in **E**ndangered **S**pecies« (Übereinkommen über den internationalen Handel mit gefährdeten Arten), wie das WA offiziell heißt.

Im Sinne des Artenschutzes, dem wir uns alle verpflichtet fühlen, werden im vorliegenden Buch nur solche Tiere vorgestellt, die legal im Handel sind, weil sie entweder keinerlei Schutzvorschriften unterliegen oder von anderen Terrarianern gezüchtet wurden und/oder mit einer CITES-Bescheinigung versehen sind. Wenn Sie Ihre künftigen Hausgenossen in einem soliden Zoofachgeschäft erstehen, können Sie guten Gewissens davon ausgehen, daß in dieser Hinsicht alles in Ordnung ist.

Eine naturfreundliche Empfehlung zum Schluß: Selbst wenn Sie über die finanziellen Mittel und die räumlichen Möglichkeiten verfügen, eine größere Zahl von Terrarientieren zu erwerben und unterzubringen, sollten Sie weise Zurückhaltung üben und sich mit einigen wenigen Exemplaren zufriedengeben. Das »Sammeln« von möglichst vielen und seltenen Arten, das einstmals gang und gäbe war, wäre heutzutage fast kriminell. Im übrigen würde es auch nur am Anfang Spaß machen und den sammelwütigen Freizeitterrarianer schon bald überfordern, was wiederum die Vernachlässigung und den schleichenden Tod der allzu vielen Pfleglinge zur Folge hätte. Vernünftiger ist es auf jeden Fall, wenn man nur sehr wenige Tiere, möglichst eine kleine Zuchtgruppe, erwirbt und diese dann artgerecht und mit viel Liebe pflegt.

Anschaffungstips

Der erste Weg des angehenden Terrarianers führt normalerweise in die nächste **Zoohandlung**. Dort findet er fast immer ein paar Tiere, die ihm zusagen und deren Haltung relativ einfach ist. Außerdem kann er direkt beim – hoffentlich sachkundigen – Händler wichtige Ratschläge zur Unterbringung, Pflege und Ernährung der Neuanschaffung einholen. Und

das erforderliche Zubehör kann man ebenfalls sofort mitnehmen.

Es gibt jedoch noch andere Möglichkeiten, zu den gewünschten Terrarientieren zu kommen. Ideal ist es, wenn man einen privaten **Züchter** kennt oder kennenlernt, der liebevoll gepflegte Nachzuchten abzugeben hat. Eine solche »Beziehung« ergibt sich möglicherweise durch eine Anfrage beim örtlichen Terrarienverein. Viele in einem Verein zusammengeschlossenen Terrarienfreunde veranstalten im übrigen regelmäßig **Ausstellungen**, auf denen man nicht nur schauen, vergleichen und fachsimpeln, sondern meist auch nachgezogene oder überschüssige Tiere zu einem günstigen Preis erstehen kann. Hier findet man vielfach auch ausgefallenere Arten, die im normalen Zoogeschäft nicht vorrätig oder allenfalls auf Bestellung erhältlich sind.

Terrarianer, die sich in ihrem Hobby – und in der wissenschaftlichen Nomenklatur! – schon recht gut auskennen, erfüllen sich ihre Wünsche gerne über den **Tierversandhandel**. Es gibt diverse Firmen, die sich auf Terrarientiere spezialisiert haben und an Interessenten entsprechende Angebotslisten versenden. Einschlägige Adressen finden Sie regelmäßig in Fachzeitschriften. Als die wohl wichtigste nenne ich die traditionsreiche »DATZ (**D**ie **A**quarien- und **T**errarien-**Z**eitschrift)«, die monatlich im Verlag Eugen Ulmer in Stuttgart erscheint

Der Grüne Leguan, früher eines der beliebtesten Terrarientiere, darf heute nur noch mit einer CITES-Bescheinigung gepflegt werden. Die Art wird aber, wie man sieht, in großer Zahl nachgezogen, so daß sie nach wie vor erhältlich ist.

und an jedem besseren Zeitungsstand zu haben ist. Daß die zumindest gelegentliche Lektüre dieses »Organs des Verbandes Deutscher Vereine für Aquarien- und Terrarienkunde (VDA) e. V.« wegen der informativen Artikel und guten Abbildungen sehr lohnend ist, sei nur nebenbei bemerkt. Zwei weitere empfehlenswerte Fachzeitschriften, ebenfalls mit Anzeigenteil, sind die vierteljährlich erscheinende »Salamandra (Zeitschrift für Herpetologie und Terrarienkunde)« und die »Herpetofauna (Die Zeitschrift für den Terrarianer)«, die alle zwei Monate herauskommt. Der Begriff Herpetologie, der im Fachschrifttum häufig auftaucht und den man sich deshalb merken sollte, bezeichnet die Wissenschaft von den Amphibien und Reptilien (griech. »herpeton« bedeutet soviel wie »kriechendes Tier«).

Als weitere, wenngleich nicht sehr ergiebige Erwerbsquelle seien die **Verkaufsannoncen** in der Rubrik »Tiermarkt« der Tages- oder Stadtteilzeitungen genannt. Hier werden zwar vorwiegend Katzen und Hunde angeboten, aber hin und wieder auch interessante Terrarientiere.

Von ihren Besitzern abgegebene Schildkröten und andere verstoßene Terrarienbewohner tauchen leider immer wieder in unseren **Tierheimen** auf und warten dort auf einen verantwortungsbewußten Pfleger. Ein Anruf beim örtlichen Tierheim lohnt sich auf jeden Fall. Wenn man Glück hat, findet man auf diesem Weg ein preiswertes Wunschtier und tut obendrein noch ein gutes Werk!

Worauf ist nun bei der Anschaffung eines Terrarientiers besonders zu achten? Bei »Fernkäufen« können wir das auserwählte Tier vorher nicht in Augenschein nehmen. Hier müssen wir uns darauf verlassen, daß wir es mit einem seriösen Händler zu tun haben. Bei eingeführten Firmen, die etwa in den Fachzeitschriften inserieren, besteht jedoch im allgemeinen kein Risiko.

Besser ist es natürlich, wenn Sie die potentiellen Neuerwerbungen sorgfältig inspizieren und eine Weile beobachten können. Beim Kauf eines Tiers, gleich welcher Art, sollte man sich unbedingt Zeit lassen. Eine spontane Fehlentscheidung ist nämlich kaum noch rückgängig zu machen, da lebende Tiere in aller Regel vom Umtausch ausgeschlossen sind. Das auserkorene Exemplar sollte vor allem erkennbar gesund sein. Doch gerade bei Reptilien und Amphibien ist der Gesundheitszustand oft nicht leicht festzustellen, denn diese Tiere leiden nicht selten an äußerlich kaum wahrnehmbaren Krankheiten oder Mangelerscheinungen, die erst nach Monaten oder gar Jahren unweigerlich zum vorzeitigen Tod führen. Mit einem kleinen »Gesundheitstest« können Sie sich jedoch wenigstens eine gewisse Sicherheit verschaffen:

▶ Prüfen Sie mit kritischem Blick das Erscheinungsbild des Tiers. Ist sein Körper abgemagert oder aufgedunsen? Ist die Haut völlig intakt, frei von Fehlstellen, Geschwüren, Beulen oder Parasiten? Sind Zehen und Krallen vollzählig und vollständig ausgebildet und die Augen klar und nicht verschmiert? Jeder negative Befund kann ein ernstzunehmendes Krankheitssympton sein.

Vogelspinnen sind zwar giftig, aber ihre Gefährlichkeit wird aus Sensationslust oft stark übertrieben. Wer sich nicht zutraut, seine Pfleglinge anzufassen, sollte lieber die Finger von der Terraristik lassen.

▶ Nehmen Sie das Tier in die Hand, um es genauer zu prüfen. (Nebenbei: Wer sich nicht traut, eine harmlose Echse oder einen Frosch anzufassen, taugt ohnehin nicht zum Terrarianer!) Zeigt es sich dabei schlaff und apathisch, ist es mit ziemlicher Sicherheit krank oder zumindest sehr schwach und hinfällig. Ein gesundes Tier wehrt sich von Natur aus gegen einen solchen »Übergriff« und zappelt mehr oder weniger heftig. Wenn Sie es richtig festhalten, können Sie auch die sonst nicht sichtbare Unterseite und insbesondere die Aftergegend etwas genauer begutachten. Ist die Bauchdecke ebenmäßig und der After sauber? Beides ist sehr wichtig.

Weil uns das dauerhafte Wohlbefinden unserer Schützlinge am Herzen liegt, sollten wir noch zwei weitere Punkte klären:

▶ Erkundigen Sie sich, ob es sich bei den angebotenen Tieren um Wildfänge (Entnahmen aus der freien Natur) oder um nachgezogene Exemplare handelt. Vor allem als Anfänger sollte man sich möglichst für Nachzuchten entscheiden, da sie leichter einzugewöhnen und zu pflegen sind.

▶ Aus ähnlichen Motiven sollte der Anfänger lieber exotische als einheimische Terrarientiere wählen. Das klingt paradox, hat aber gute Gründe: Exoten gedeihen in einem normalen Terrarium, in dem ja ganzjährig ungefähr gleichbleibende Lebensbedingungen herrschen, wie die Tiere sie aus ihrer tropischen Heimat gewöhnt sind, meist sehr viel besser als unsere heimischen Arten, die an den Wechsel der Jahreszeiten angepaßt sind. Und den können wir ihnen in ihrem künstlichen Lebensraum im zentral-

geheizten Wohnzimmer nicht bieten.
Damit hängt ein anderes Problem zusammen: Die meisten einheimischen Amphibien und Reptilien und solche aus gemäßigten und teilweise auch aus subtropischen Breiten, in denen es kühle bis kalte und nahrungsarme Winterperioden gibt, müssen sachgemäß überwintert werden (siehe S. 79). Sie halten zwar keinen Winterschlaf – den kennen wir nur bei warmblütigen Säugetieren –, aber sie versinken in eine schlafähnliche Winterruhe oder Winterstarre mit stark herabgesetzten Körperfunktionen. Bei tropischen Arten entfällt diese winterliche Ruhepause und damit auch die Notwendigkeit für den Halter, seine Pfleglinge monatelang in eine Überwinterungskiste zu verbannen. Ein leeres Terrarium ist aber kein erfreulicher Anblick.
Wenn Sie nun nach Abwägung aller hier dargelegten Gesichtspunkte die richtigen Terrarientiere gefunden haben und sie in einem Pappkarton oder Leinenbeutel stolz nach Hause tragen, muß dort selbstverständlich schon eine passende Unterkunft, also ein Terrarium, für sie bereitstehen.

Das Terrarium – ein Thema mit vielen Variationen

Die Aquarianer haben's leicht: Sie brauchen lediglich ein kastenförmiges Becken und müssen sich allenfalls über dessen Maße Gedanken machen. Die Terrarianer können sich die Sache nicht so leicht machen, denn sie haben, wie wir inzwischen erfahren haben, die Wahl zwischen höchst unterschiedlichen Tieren mit ebenso unterschiedlichen Haltungsansprüchen und »Wohnungswünschen«. Am einfachsten ist noch die Frage nach den Abmessungen der Unterkunft zu beantworten: Die Maße richten sich natürlich vor allem nach der Körpergröße der Insassen, aber auch nach deren Bewegungsverhalten und dem Bewegungsdrang. Manche Terrarientiere brauchen viel Platz zum Umherwandern und Rennen, andere wollen hoch hinaus, weil sie es von Haus aus gewohnt sind, im Geäst oder im Fels herumzuklettern. Dementsprechend groß muß die Grundfläche bzw. die Höhe des Terrariums bemessen sein, bei dem ebenfalls die schlichte Kastenform vorzuziehen ist. Behälter mit dreieckigem, vieleckigem, rundem oder ovalem Grundriß mögen für den Menschen ästhetisch reizvoll sein, doch Tiere kümmern sich nicht um Ästhetik, sondern nur um ihr leibliches Wohl. Und dafür erweist sich die Kastenform als ideal, weil sie bei vergleichbarem Platzbedarf den meisten Bewegungsspielraum für die Insassen bietet. Ideal ist sie übrigens auch für den Pfleger, denn ein Kastenterrarium ist leichter einzurichten und sauberzuhalten.
Kompliziert wird es erst, wenn es darum geht, die spezifischen Bedürfnisse der Terrarienbewohner zu befriedigen, das heißt, ihnen einen einigermaßen adäquaten Ersatz für den angestammten Lebensraum zu schaffen. Die Grundbedürfnisse lassen sich mit wenigen Stichworten um-

schreiben: Luft, Licht, Wärme und Feuchtigkeit.

Gute Luft und richtig dosiertes Licht benötigen alle Terrarientiere, aber ihr Wärme- und Feuchtigkeitsbedarf ist so verschieden wie ihre Lebensweisen und Herkunftsregionen. In der Praxis unterscheidet man deshalb mehrere **Terrarientypen**: 1. das ungeheizte trockene, 2. das ungeheizte feuchte, 3. das geheizte trockene, 4. das geheizte feuchte Terrarium; dazu kommen noch 5. das Sumpfterrarium (Paludarium), 6. das Aquaterrarium oder »Wasserterrarium«, das eigentlich bloß eine Abart des Aquariums ist, und 7. das Freilandterrarium als zeitweiliger oder ständiger Aufenthalt für Tiere aus unserer gemäßigten Zone.

Das hört sich sehr verwirrend an. Doch ein echter Terrarianer, bei dem

Ein Aquaterrarium, bestehend aus einem Land- und einem Wasserteil, ist für die allermeisten Amphibien und für viele Reptilien die ideale Unterkunft.

1

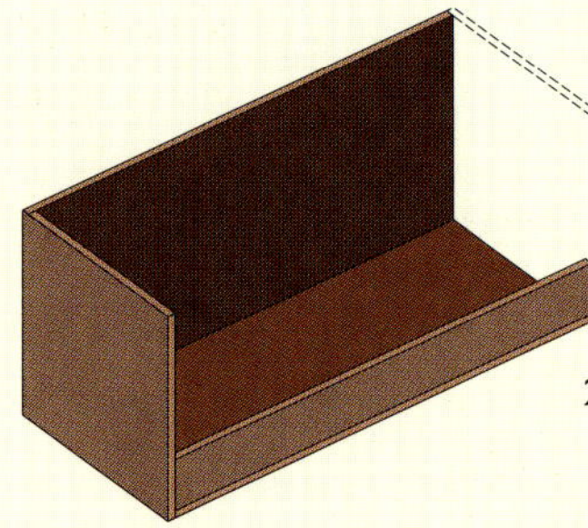
2

Bastelanleitung für ein Terrarium

Als Baumaterial verwenden wir vor allem Holz: feste, gut ausgetrocknete Tischler- oder Sperrholzplatten (ca. 8–10 mm stark) und ebensolche Holzleisten. Zur Not tun's auch glattgeschliffene Spanplatten, die den Vorzug haben, daß sie sich nicht werfen, aber für ein feuchtes Terrarium weniger in Frage kommen. Sehr empfehlenswert sind dagegen kunststoffbeschichtete Preßholzplatten (Resopalplatten), denen Nässe nichts anhaben kann, wenn man alle Fugen mit Silikonkautschuk abdichtet. Als Größe nehmen wir ein Mittelmaß, mit dem sich alle gängigen Terrarientiere zufriedengeben dürften: Länge 60–70 cm, Breite 40 cm, Höhe 40–50 cm (diese Maße, vor allem die Höhe, kann man nach Belieben verändern, um sie den Bedürfnissen der jeweiligen Bewohner anzupassen). Boden, Rückwand und ein Seitenteil schneiden wir in den vorgesehenen Maßen zurecht und fügen sie mit Holzleim und zusätzlich mit Nägeln oder Schrauben zusammen (Abb. 1). Dann nehmen wir für die Vorderfront ein schmales Brett (12–14 cm) und befestigen es an Boden und Seite (Abb. 2). Die noch fehlende Seitenwand wird aus einem gleich breiten Brettchen und drei gleich starken Leistenstücken zusammengesetzt (Abb. 3). Um uns komplizierte Schreinerarbeiten zu ersparen, leimen wir die Teile stumpf zusammen und kleben oder schrauben von innen dünne Sperrholzbrettchen auf (Abb. 4). Das offene Seitenteil wird auf der Innenseite mit nichtrostendem Fliegendraht – es gibt ihn auch aus Kunststoff – bespannt und anschließend eingebaut. Die beiden Seitenwände verbinden wir nun an der Oberkante mit einer ca. 5 cm breiten Holzleiste (Abb. 5), an deren Unterseite wir über die ganze Länge eine U-förmige Kunststoffrinne ankleben; das gleiche geschieht an der Oberseite des unteren Frontbretts (Abb. 6). In diese beiden Führungsrinnen schieben wir eine einfache Glasscheibe,

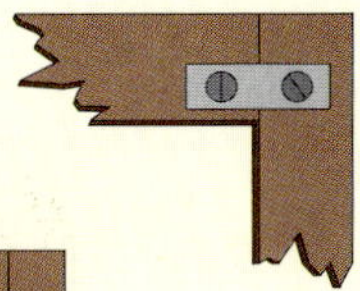
4

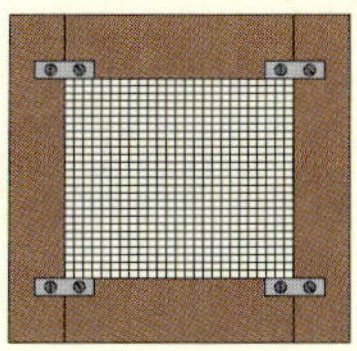
3

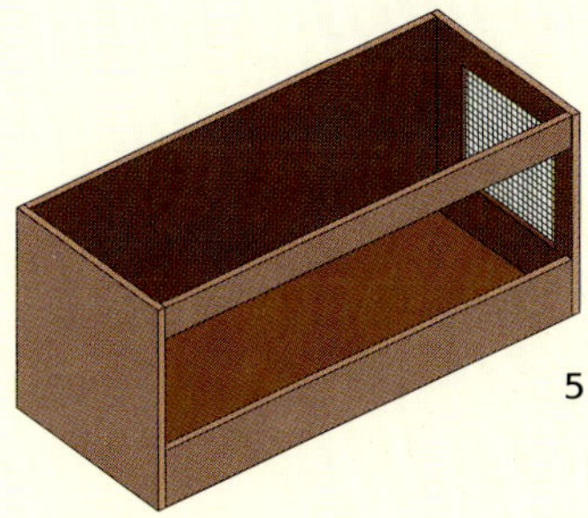
5

die wir uns vom Glaser genau nach Maß zuschneiden und an den Kanten abschleifen lassen. Jetzt fehlt nur noch das Dach, das wir ebenfalls aus Leisten zusammenbauen, und zwar so, daß zwei gleich große Felder entstehen. In das eine kommt ein Stück Glas (auf der Innenseite mit Spezialkleber oder Polsternägeln befestigen), in das andere wiederum Fliegendraht – wegen der Belüftung (Abb. 7). Man kann auch den ganzen Rahmen mit feinem Drahtgeflecht überziehen und bei entsprechendem Bastlergeschick ein Türchen einarbeiten. Der Deckrahmen wird lose aufgelegt; damit er sich nicht verschieben kann, kleben wir in die Ecken kleine Holzklötze. Damit ist unser Kastenterrarium fertig (Abb. 8). Zum Schluß streichen wir alle Holzteile innen und außen sehr sorgfältig: Vorstreichen nicht vergessen, dann ein- oder zweimal überlackieren, am besten in einem freundlichen hellen Grau- oder Grünton. Bei evtl. verwendeten Resopalplatten entfallen natürlich diese Malerarbeiten.

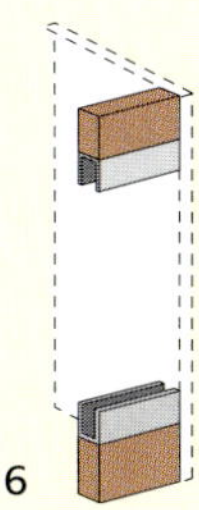
6

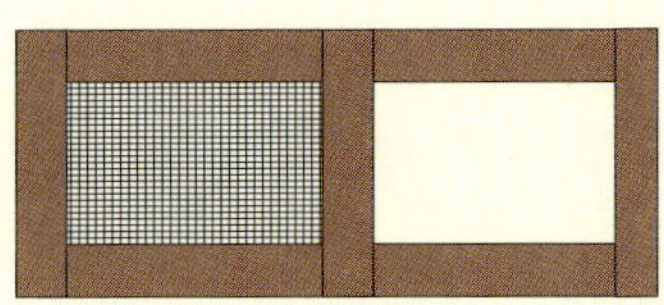
7

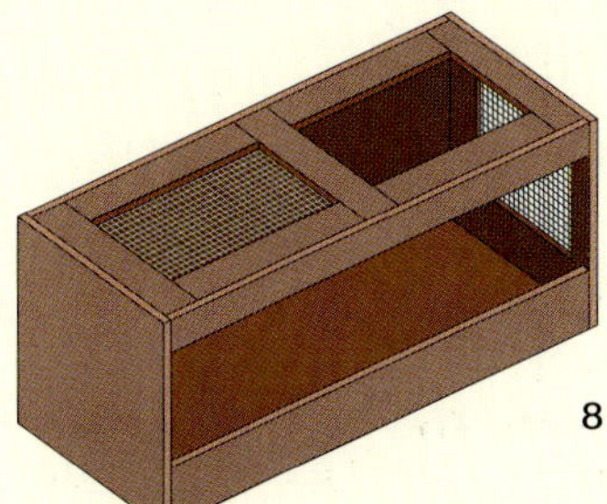
8

die Tierliebe ohnehin mit mehr Mut zum Ungewöhnlichen gepaart ist als beim gewöhnlichen Heimtierfreund, läßt sich auch davon nicht so leicht abschrecken. Im übrigen sei Ihnen sogleich versichert, daß sich die obige Vielfalt zumindest für den Anfänger, der auf Tiere mit extremen Haltungsansprüchen verzichtet, ohne weiteres auf einen vielseitig verwendbaren Standardtyp reduzieren läßt: das einfache Kastenterrarium aus Holz, Glas und Drahtgeflecht, das geheizt und für trockenheits- oder feuchtigkeitsliebende Bewohner eingerichtet werden kann.

Formschöne und zweckmäßige, aber nicht ganz billige Standardterrarien in verschiedenen Abmessungen und Ausführungen findet man in jedem gutsortierten Zoogeschäft. Wenn Sie ein »Haus nach Maß« haben möchten, können Sie es sich bei Spezialfirmen (Anschriften in den vorhin erwähnten Zeitschriften) nach eigenen Angaben anfertigen lassen. Bei solchen fertig gekauften Behältern sind die praktische Handhabung und die notwendigen Vorrichtungen für Beleuchtung, Belüftung, Heizung usw. generell gewährleistet. Aber ein kritisch prüfender Blick auf das Angebot kann trotzdem nicht schaden.

Vielleicht sind Sie jedoch schon Besitzer eines brauchbaren Behälters, der sich ohne viel Mühe und Kosten in ein Terrarium verwandeln läßt. Ich denke dabei an ausgediente Aquarien oder ähnliche größere »Glaskästen«, die auf so manchem Speicher verstauben. Auch auf Flohmärkten werden sie zuweilen für einen Spottpreis feilgeboten.

Alte Gestell- oder rahmenlose Ganzglasbecken mit verklebten oder verschweißten Scheiben kann man nach gründlicher Reinigung sofort wieder in Dienst stellen. Sie dürfen nur nicht zu hoch oder zu schmal sein, weil sonst die Frischluftzufuhr unzureichend ist. Wenn das Becken noch wasserdicht ist (Wasserprobe machen!), gibt es sogar ein prächtiges Aquaterrarium für Molche, Wasserschildkröten oder wasserlebende Frösche ab. Ein nicht mehr ganz dichter Behälter kann entweder mit Silikonkautschuk wieder repariert oder, so wie er ist, für vielerlei »Landtiere« verwendet werden. Hervorragend eignet sich für ein Aquaterrarium ein altmodisches, aber noch funktionstüchtiges Gestellbecken mit Blechboden, denn in diesen Boden läßt sich mit geringem Aufwand ein Abflußhahn einarbeiten, der den häufig erforderlichen Wasserwechsel ungemein erleichtert.

Zu einem attraktiven und geräumigen Trockenterrarium können wir im Handumdrehen auch einen ausrangierten Vitrinenschrank mit verschiebbaren Frontscheiben umfunktionieren. Man braucht nur aus der Decke und einer Seitenwand mit der Stichsäge große Öffnungen – viereckig, oval oder kreisrund – auszuschneiden und von innen mit Fliegengaze oder -draht zu bespannen. Zusätzlich sollte man vorne, direkt hinter den Glasscheiben, ein niedriges Brett einleimen, das das Herausrieseln des lockeren Bodengrunds verhindert. Außerdem wird das zweckentfremdete Möbelstück vor Gebrauch noch gründlich gestrichen, zumindest innen.

Als letzte und besonders reizvolle Lösung des Wohnungsproblems schlage ich den Eigenbau vor. Wer nicht gerade zwei linke Hände hat, kann sich für wenig Geld ein Standardterrarium ganz nach eigenen Vorstellungen zusammenbauen. Wie das geschieht, erläutert die Bastelanleitung auf S. 22/23.

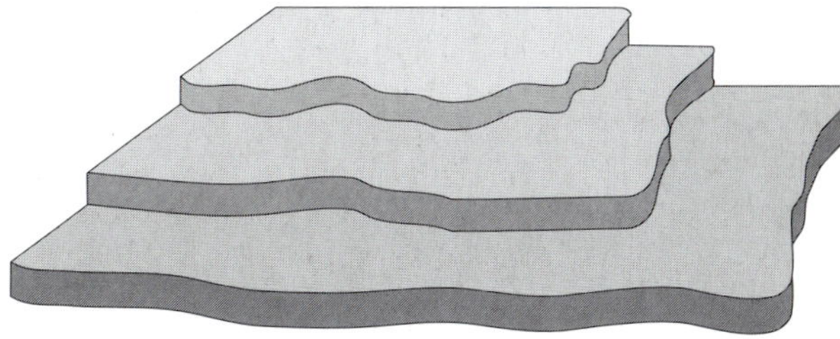

Die Inneneinrichtung des Terrariums

Das (fertig gekaufte oder selbstgebaute) Haus für unsere Terrariumtiere steht bereit. Doch bevor die Bewohner einziehen dürfen, muß es noch nach deren speziellen Bedürfnissen eingerichtet werden. Es braucht, bildlich gesprochen, einen zweckmäßigen Fußbodenbelag, eine Wandverkleidung, ein paar Möbel, die nicht nur dekorativ, sondern auch benutzerfreundlich sein sollen, darüber hinaus im allgemeinen eine Beleuchtung, eine Heizung, einige Topfpflanzen und gegebenenfalls eine Naßzelle. Eine Patentlösung für die Terrarieneinrichtung gibt es nicht, weil bekanntermaßen die Insassen biologisch und ökologisch so unterschiedlich beschaffen sind. Das bedeutet: Ein Terrarianer, der seinen Schützlingen das Leben so lebenswert wie möglich machen will, benötigt neben einigen zoologischen Grundkenntnissen eine gehörige Portion Einfühlungsvermögen, Phantasie und Experimentierfreude. Gerade das macht ja unsere Liebhaberei so vielseitig und faszinierend.

Fangen wir mit dem **Bodengrund** an. Für Bewohner aus trockenen und womöglich heißen Lebensräumen nimmt man am besten sauberen Flußsand, der nicht scharfkantig und je nach Tierart sehr fein bis mittelfein gekörnt sein soll. Meist empfiehlt es sich, den Sand mit etwas Humuserde oder einer Handvoll Steinchen zu vermischen. Der Bodenbelag wird in einer dicken Schicht (8–10 cm) aufgebracht und sollte nach vorn leicht abfallen, weil das optisch besser wirkt. Man kann auch aus aufeinandergeklebten Styroporplatten kleine Terrassen bauen und diese anschließend dick mit Sand beschichten. Styropor verringert das Gewicht und hält warm.

Oben: Eine solche Terrasse aus aufeinandergeklebten Styroporplatten, die mit Sand kaschiert werden, hält warm und verringert das Gewicht des Terrariums.

Unten: Ausschnitt aus einem »Wüstenterrarium« für trockenheits- und wärmeliebende Reptilien.

Tiere, die es gern etwas kühler und feuchter haben, wünschen sich einen Boden aus lockerem Erdreich (am besten Waldboden) oder Torf, dem man mehr oder weniger Sand beimengt. Etwas Laubstreu, die leicht ausgewechselt werden kann, ist als zusätzliche Auflage brauchbar.

Dekorationsgegenstände der verschiedensten Art bilden gleichsam die Möblierung des Terrariums. Dickere Feldsteine, Natursteinplatten, knorrige Äste, bizarr gestaltetes Moorkienholz, Baumwurzeln und röhrenförmige oder aufgeschnittene Rindenstücke der Korkeiche (als Zierkork im Zoohandel erhältlich) ergeben Sitzgelegenheiten, Versteckplätze, Klettergeräte und »Sonnenbänke«. Mit ein wenig Geschick lassen sich aus flachen Steinen, Schieferplatten und etwas Fertigzement oder leicht formbarem Material wie Gips oder Moltofill abwechslungsreiche Grotten, Höhlen, Brücken und Terrassen modellieren. Solche Kunstbauten müssen vor dem Einbringen ins Terrarium gründlich gewässert und ausgelaugt werden.

Besonders kletterfreudigen Insassen sollten wir einen künstlichen Kletterbaum zur Verfügung stellen: Ein verzweigtes, dickes Aststück wird unten glatt abgesägt und mit einer langen Holzschraube auf einem Brettchen befestigt. Das Ganze stellt man einfach in den – entsprechend hohen – Behälter und bedeckt das Fußbrett mit Bodengrund. Ein solcher Kletterbaum läßt sich bei Bedarf leicht herausnehmen und säubern.

Man kann zusätzliche Klettermöglichkeiten durch eine strukturierte **Wandverkleidung** schaffen. Hier bieten sich verschiedene Materialien an: selbstklebende, möglichst grüne Teppichfliesen mit rauher Oberfläche, derbe Korkplatten oder Preßkork, Gitterwerk aus Holzleisten oder Bambusstäben, flache Rindenstücke, Schwartenbretter, Klebefolien mit plastisch hervortretendem Mauer-

Ein künstlicher Kletterbaum ist schnell hergestellt. Wenn man ihn auf einem Brettchen befestigt, kann er nicht umfallen und außerdem zwecks Reinigung leicht aus dem Behälter herausgenommen werden.

relief und vieles andere mehr. Dem Erfindungsreichtum des Terrariendekorateurs sind kaum Grenzen gesetzt. Er muß nur darauf achten, daß das verwendete Material dauerhaft, stabil, frei von Schadstoffen und leicht zu säubern ist.

Das Standardterrarium braucht im allgemeinen eine **Beleuchtung**. Die Lichtquelle ersetzt den Tieren (und den Pflanzen) wenigstens teilweise die Helligkeit und Wärme der Sonne und sorgt gleichzeitig dafür, daß das Terrarium zu einem erfreulichen Blickpunkt im Zimmer wird und seine Bewohner besser zur Geltung kommen.

Bei fabrikmäßig hergestellten Terrarien der gehobenen Preisklasse ist eine Abdeckung in Form eines flachen Kastens, in dem eine oder mehrere Leuchtstoffröhren installiert sind, bereits vorgesehen. Man kann einen solchen Aufsatz nach Maß auch selber basteln und mit Leuchten bestücken. Nehmen Sie jedoch keine gewöhnlichen Neonröhren, sondern solche aus dem Zoogeschäft (Abteilung Aquaristik); die dort angebotenen Leuchtstoffröhren mit biologisch wertvoller Lichtausbeute eignen sich auch für Terrarien. Eine einfachere Lösung für unser selbstgebautes Tierhaus: Bringen Sie eine Leuchtstoffröhre oder eine Soffittenlampe versteckt hinter der oberen Leiste der Vorderfront an. Noch einfacher: Stellen Sie eine Schreibtischlampe mit einem breiten und möglichst innenverspiegeltem Schirm so hinter dem Behälter auf, daß das Licht von oben durch das Gitterdach tief ins Gehäuse fällt. Das hat den zusätzlichen Vorteil, daß Sie nach Bedarf unterschiedliche Leuchtmittel verwenden können. In die Standardfassung passen normale Glühbirnen, Energiesparlampen und wärmespendende Spotstrahl- oder Kohlenfadenlampen, aber auch Infrarot- und Ultraviolettstrahler. Die beiden letzteren sind besonders gesundheitsfördernd und geben sehr viel Wärme ab. Deswegen werden sie nur zeitweise eingesetzt, und damit es den Tieren nicht zu heiß wird, sollte man die Lampe durch eine Unterlage etwas erhöhen, solange die Strahler eingeschaltet sind. Für geräumige Terrarien sind auch Halogenleuchten mit großer Licht- und Wärmeausbeute gut geeignet. Im Handel gibt es darüber hinaus noch spezielle Terrarienleuchten verschiedener Hersteller, die sich insbesondere für heikle und anspruchsvolle Tiere empfehlen; Informationen und Beratung erhalten Sie in jedem guten Zoogeschäft.

Die **Beheizung** des Terrariums erfolgt zu einem mehr oder weniger großen Teil bereits durch die Lichtquelle. Doch bei sehr wärmeliebenden Insassen reicht diese Strahlungswärme nicht aus. Solche Tiere wünschen sich auch eine »Fußbodenheizung«. Hier gibt es drei Möglichkeiten: Heizkabel, Heizplatte und Heizmatte, die allesamt in unterschiedlichen Ausführungen im Zoohandel erhältlich sind.

Für die beste Lösung halte ich das biegsame, plastikummantelte Heizkabel, das auf seiner ganzen Länge, abgesehen von der Kaltzuleitung, konstante Wärme abgibt. Es wird im Bodengrund verlegt und versteckt, braucht aber keineswegs die gesamte Grundfläche abzudecken. Im Gegenteil, die unterschiedliche Bodenwärme erlaubt es den Tieren, nach Belieben die Stelle im Terrarium aufzusuchen, die ihrem jeweiligen Wärmebedarf entspricht. Außerdem ist dadurch eine lebensgefährliche Überhitzung ausgeschlossen. Kreisrunde oder ovale Heizplatten aus Metall mit einem Durchmesser von ca. 25 cm und einer Dreistufenregelung oder rechteckige Heizmatten oder -folien, die in verschiedenen Größen und Wattstärken lieferbar sind, erfüllen selbstverständlich ebenfalls ihren Zweck. Die Folienheizung ist besonders praktisch deshalb, weil man das Terrarium einfach draufstellen kann und nicht einmal ein Loch für die Zuleitung zu bohren braucht. Auf der anderen Seite geht dabei viel Energie verloren, vor allem bei einem Holzboden und einem dicken Bodengrund. Ansonsten sind die Stromkosten erträglich: Die Heizvorrichtungen sind in der Regel auf 15–40 Watt ausgelegt. Sie müssen allerdings normalerweise den ganzen Tag über in Betrieb sein und werden nur nachts abgeschaltet, was dem natürlichen Lebensrhythmus der Tiere entspricht.

Seit einiger Zeit ist noch ein weiterer sehr empfehlenswerter Heizkörper auf dem Markt. Er nennt sich »Reptile Stone«, besteht aus der natürlich wirkenden Imitation eines flachen Steins mit Anschlußkabel und wird einfach auf den Bodengrund gelegt. Wärmehungrige Reptilien suchen den »Kunststein« gern auf und fühlen sich dann wie zu Hause, wo sie sich ja auch mit Vorliebe auf sonnenwarmen Steinen oder Felsen aalen.

Eine wichtige Nachbemerkung: In einem warmen Sommer mit viel Sonne erledigt sich für die meisten Terrarientiere das Beleuchtungs- und Heizungsproblem von selbst, wenn man den Behälter an einen geschützten

Dieser Schnitt durch den unteren Teil des Terrariums zeigt, wie Topfpflanzen und Kletterbaum in den Bodenbelag versenkt werden.

Platz im Garten oder auf dem Balkon aufstellt. Sorgen Sie dann jedoch unbedingt dafür, daß die Tiere nicht ständig der prallen Sonne ausgesetzt sind. Decken Sie das Terrarium teilweise ab, so daß sie sich jederzeit in einen schattigen Winkel zurückziehen können.

Eine **Bepflanzung** des Terrariums ist in vielen Fällen nicht lebensnotwendig, aber ein paar dekorative Gewächse sind einerseits hübsch anzusehen und können andererseits das Kleinklima im Behälter verbessern und das Wohlbefinden der tierischen Bewohner steigern, die ja vielfach aus vegetationsreichen Biotopen stammen und Pflanzen als Unterschlupf, Schattenspender und Klettergelegenheit oder auch als Nahrungsquelle nutzen. Den nicht sehr zahlreichen Vegetariern unter den Terrarientieren darf man selbstverständlich nur sehr robuste, aber unbedingt ungiftige Pflanzen in ihre Wohnung stellen, denn sie sollen ihren Hunger nicht am Pflanzenschmuck, sondern an der ihnen gereichten Pflanzenkost stillen. Die allermeisten Tiere vergreifen sich zwar nicht an Blättern und Blüten, können aber, vor allem wenn sie ziemlich groß und schwergewichtig sind, einen zierlichen Pflanzendekor schnell in ein unansehnliches Chaos verwandeln. Deswegen kommen grundsätzlich nur derbe und widerstandsfähige Pflanzen und -sorten in Betracht, die außerdem so anspruchslos sein müssen, daß sie im künstlichen Lebensraum des Terrariums auch einigermaßen gedeihen. Gute Beleuchtung und Belüftung sowie regelmäßiges Gießen oder Überbrausen sind dafür wesentliche Voraussetzungen.

Die Wahl der richtigen Pflanzen für die verschiedenen Terrarientypen ist eine Kunst für sich, die hier nicht im einzelnen dargestellt werden kann. Dem Anfänger sei jedenfalls eine sparsame Ausstattung mit problemlosen und genügsamen Pflanzen angeraten. Sie werden am besten mitsamt ihren Töpfen oder Schalen in den Bodenbelag eingesetzt, damit man sie gezielt begießen und leicht auswechseln kann. Die Pflanzgefäße lassen sich mit ein paar Steinen leicht

Dies ist der im Fachhandel erhältliche »Reptile Stone«, der von den Terrarieninsassen als wärmespendende »Ruhebank« sehr geschätzt wird.

Üppiger Pflanzenwuchs, Klettergelegenheiten und eine feucht-warme Atmosphäre sind charakteristische Ausstattungsmerkmale eines Regenwaldterrariums.

kaschieren. Wenn Sie eine Unterlage aus Styropor vorgesehen haben (siehe S. 25), können Sie entsprechend große Löcher in dieses Material schneiden und die Blumentöpfe dort sicher fixieren.

Für das ungeheizte Terrarium eignen sich Büschelgras, Heidekraut, Efeu, Geißblatt, Fetthenne und Zwergwacholder, die eher ein trockenes Milieu lieben; in einem feuchten Behälter kann man vor allem mit verschiedenen Farnarten sein Glück versuchen. Geheizte, zum Teil auch ungeheizte Terrarien lassen sich mit Agaven, Aloen, Sansevierien, Feigenkakteen, Euphorbien, Aralien oder Zwergpalmen bepflanzen. Diese Pflanzen kommen hauptsächlich für das Trockenterrarium in Frage, für die feuchtwarme Variante dagegen eher Philodendron, Tradescantien, Fensterblatt, Tillandsien und andere Epiphyten. Epiphyten, die zur Belebung der höheren Etagen und der Wände des Terrariums gern verwendet werden, sind »Aufsitzerpflanzen«, die nicht im Erdreich wurzeln, sondern ihr ganzes Leben auf anderen Pflanzen verbringen, auch auf toten Rinden- oder Aststücken. Mit Korkrinde kann man so eine hübsche Pflanzenkulisse schaffen. Für Paludarien und Aquaterrarien schließlich bieten sich viele Sumpf- und Wasserpflanzen an, wie sie für Aquarien oder Gartenteiche in jedem Zoogeschäft oder Gartencenter zu kaufen sind.

Wenn Sie größere Ausgaben und allen vorhersehbaren Ärger vermeiden wollen, sollten Sie sich über ein gängiges Vorurteil hinwegsetzen und zu künstlichen Pflanzen aus Plastikmaterial greifen, die heute in so großer Auswahl verfügbar sind, daß Sie sich zum ursprünglichen Biotop der Terrarienbewohner passende Formen aussuchen können. Den Tieren ist es völlig egal, ob sie auf natürlichen oder künstlichen Gewächsen umhersteigen, und der menschliche Betrachter kann erfahrungsgemäß kaum einen Unterschied feststellen, wenn es sich um sorgfältig ausgeführte Nachbildungen handelt und wenn man nur dezente Formen ohne knalligbunte Blüten auswählt. Kunstpflanzen haben außerdem den nicht zu unterschätzenden Vorteil, daß man sie jederzeit leicht herausnehmen und nach gründlichem Abwaschen sofort wieder einsetzen kann.

Wasser in mehr oder minder großen Mengen brauchen praktisch alle Terrarientiere. Manche begnügen sich damit, daß die Pflanzen oder Steine in ihrer Behausung täglich mit etwas Wasser besprüht werden, das sie dann auflecken können. Die meisten benötigen jedoch wenigstens eine kleine Wasserschale zum Durstlöschen und/oder für ein Teilbad, und viele halten sich häufig bis ständig im Wasser auf.

Für amphibisch, also teils auf dem Land und teils im Wasser lebende Arten muß man im Terrarium einen Wasserteil vorsehen. Wenn Sie ein Aquarienbecken zum Terrarium umfunktionieren, können Sie durch eine schmale Glasscheibe, die mit Silikon am Boden und an den Längsseiten schräg festgeklebt wird, den Wasserteil vom Landteil abtrennen. Das sieht gut aus, hat aber den Nachteil, daß der häufig erforderliche Wasserwech-

Bei diesem Aquaterrarium werden Land- und Wasserteil durch eine schräg eingeklebte schmale Glasscheibe getrennt. Trittsteine erleichtern den Insassen den Ausstieg aus dem Wasser.

sel sehr mühsam ist – viele Tiere setzen nämlich ihren Kot am liebsten im Wasser ab. Darum schlage ich eine weniger aufwendige und zugleich praktischere Lösung vor: Besorgen Sie sich zwei Plastikwännchen, die genau ineinanderpassen. Versenken Sie eine bis zum Rand in den Bodengrund, und stellen Sie die zweite hinein, die dann mit Wasser gefüllt wird. Bei der allfälligen Reinigungsarbeit müssen Sie dann nur noch die obere Wanne herausnehmen, säubern und frisch gefüllt wieder hineinstellen.

Hier wird der Wasserteil durch zwei genau ineinanderpassende Plastikschalen gebildet. Auch bei dieser einfachen Lösung erweisen sich Trittsteine als praktische Ausstiegshilfe.

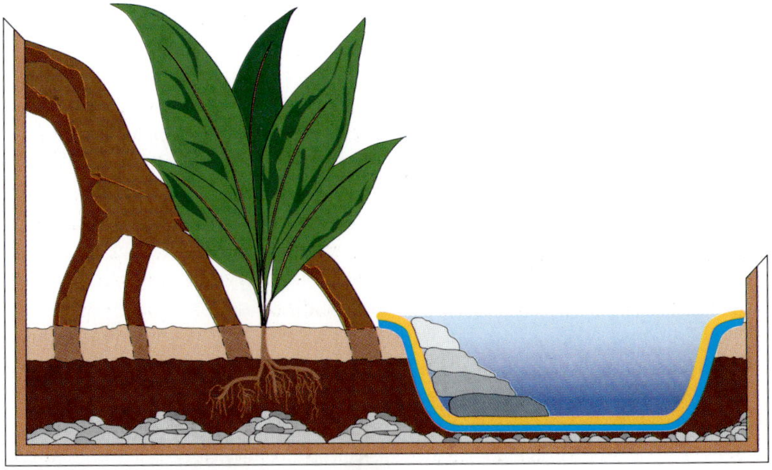

In allen Terrarien, außer jenen, in denen völlige Trockenheit herrschen soll, ist auch die **Luftfeuchtigkeit** von lebenswichtiger Bedeutung für die Insassen. Die meisten Terrarientiere brauchen, um sich auf Dauer wohl zu fühlen, eine ziemlich hohe relative Luftfeuchtigkeit von 70 bis 90%, die durch die Verdunstung aus den Wassergefäßen und dem Boden meist nicht erreicht wird. Hier hilft nur eins: Man muß das Innere des Terrariums täglich mindestens einmal, und zwar vorzugsweise gegen Abend, mit einer handelsüblichen Sprühflasche oder Blumenspritze gründlich befeuchten. Verwenden Sie für diese »Vernebelungsaktion« die feinste Zerstäubungsdüse und nur leicht temperiertes, möglichst abgekochtes Wasser. Im Zusammenspiel von Wärme, Wasserteil und Sprühnebel läßt sich sogar die schwüle Atmosphäre eines feuchten Tropenwaldes simulieren. Ein Terrarium, das heikle Tiere aus solch ungewöhnlichen Lebensräumen beherbergen soll, muß unbedingt mit einem zuverlässigen kleinen Thermometer und Hygrometer ausgerüstet werden. Diese Anschaffung lohnt sich allerdings auch für alle anderen geheizten Feuchtterrarien.

Futter und Futterbeschaffung

Die Speisekarte unserer Terrarientiere ist ungewöhnlich lang und sehr individuell angelegt. Ein Einheitsfutter gibt es nicht, weil die Geschmäcker und Bedürfnisse der Kostgänger so verschieden sind wie diese selbst. Der Pfleger muß nicht nur den Nahrungsbedarf seiner Tiere kennen (der deshalb in den nachfolgenden Artbeschreibungen grundsätzlich erläutert wird), sondern auch eine gewisse Findigkeit und Mühe aufwenden, wenn er sie optimal versorgen will. Wer diesen Aufwand scheut, sollte lieber die Finger von der Terraristik lassen oder sich zumindest auf anspruchslose Pfleglinge beschränken.

Mit **Pflanzenkost**, die am einfachsten zu beschaffen ist, lassen sich leider nur sehr wenige Terrarientiere ausschließlich oder vorwiegend ernähren, zum Beispiel Landschildkröten, Dornschwänze, der Grüne Leguan und diverse Wirbellose. Für sie liefern Feld und Wiese, der eigene Garten und der Supermarkt alles Notwendige: Salat, Obst, Beeren, Gemüse, Löwenzahn, Wegerich, Huflattich, Vogelmiere, junge Obstbaumblätter usw. Die Futterpflanzen werden stets frisch und sauber gereicht und zu »mundgerechten« Happen zerkleinert. Löwenzahn und andere »Unkräuter« verfüttert man stets mit den Blüten, die von den meisten Vegetariern besonders gern genommen werden. Daß nur nachweislich schadstofffreie, ungespritzte Pflanzenkost verwendet wird, versteht sich von selbst; in diesem Punkt sind unsere kleinen Schützlinge sehr viel empfindlicher als wir großen Zweibeiner. Also stets darauf achten, wo man das Grünzeug pflückt oder kauft!

Die allermeisten Reptilien und alle Amphibien verlangen **tierische Nahrung**, vorzugsweise **Lebendfutter**. Das heißt, wir benötigen lebende Insekten aller Art, Würmer, Schnecken,

Eine Cochinchina-Wasseragame (*Physignathus cocincinus*), die nur selten in Liebhaber-terrarien auftaucht, verspeist eine fette Beute. Fast alle Echsen machen am liebsten Jagd auf lebende Insekten und anderes Kleingetier, das sogenannte Lebendfutter.

Spinnen usw. Große Echsen, Schlangen und Schildkröten verspeisen am liebsten Ratten, Meerschweinchen oder noch größere Beutetiere, doch damit wollen wir uns als Anfänger sowieso nicht abgeben.

Woher bekommt man nun die tierische Kost? Hier gibt es drei Möglichkeiten: selbst fangen, züchten oder kaufen. Eine kunterbunte Krabbeltiermischung können Sie, vor allem wenn Sie auf dem Lande wohnen, in Form von »Wiesenplankton« erbeuten, freilich nur vom Frühjahr bis zum Herbst. Einen feinmaschigen Kescher mit langem Stiel führt man mit stetig kreisenden Bewegungen möglichst tief durch die Wiese. Schon nach wenigen Minuten haben sich genügend Futtertiere angesammelt. Man rafft nun den Kescherzipfel zusammen und stülpt den Inhalt in ein Glas, das rasch verschlossen werden muß, damit Fluginsekten nicht ausreißen können. Das Glas wird erst im Terrarium behutsam geöffnet und einfach auf den Boden gelegt, damit sich die Bewohner bedienen können. Das Kleingetier, dem die Flucht aus dem Glas gelingt, wird in der Regel sehr bald aufgespürt und ebenfalls seiner Bestimmung zugeführt – es sei denn, es kann, zum großen Verdruß des Terrarienfreunds und seiner Familie, aus dem Behälter entkommen. Spätestens jetzt erkennt man, wie wichtig es ist, daß das Terrarium »dicht« und das Drahtgeflecht nicht zu grob ist!

Als Fanggründe für Wiesenplankton eignen sich nicht nur naturbelassene, ungemähte Wiesen, sondern auch Waldränder, Hecken, Gebüsche und leicht verwilderte Parkanlagen. Die ergiebigste Fangzeit ist, wie die Erfahrung lehrt, der frühe Abend, wenn sich die tagaktiven Insekten noch nicht zur Ruhe begeben haben und schon etwas träge sind, während die dämmerungs- und nachtaktiven allmählich hervorkommen.

Diese besonders gesunde, weil von der Sonne verwöhnte Naturkost läßt sich auf einfache Weise ergänzen:

▶ durch Fliegen und sonstiges Fluggetier (außer Bienen, Wespen und ähnlichen giftstachelbewehrten Insekten), das man mit einer Fliegenfalle oder mit einem Becher und einem untergeschobenen Stück Pappe von Fensterscheiben und Wänden herunterholt;

▶ durch Asseln, die sich unter Steinen oder im Umkreis des Komposthaufens oft massenhaft versammeln;

▶ durch Gehäuse- und Nacktschnecken, von denen es im Garten meist mehr als genug gibt;

▶ durch Regenwürmer, die sich gern unter einem ausgelegten feuchten Sack oder Brett einfinden;

▶ durch Nachtfalter, die scharenweise jede Lichtquelle im Freien umschwirren;

▶ durch Spinnen, die draußen wie drinnen fast überall anzutreffen sind;

▶ durch Blattläuse, die man als lästige Schädlinge ohnehin gerne loswird und die man mitsamt ihrer Unterlage (Blätter, Stengel) kleinen Terrarientieren zum »Abzupfen« offerieren kann.

In Zoohandlungen und Läden für Anglerbedarf kann man allerlei brauchbares Lebendfutter käuflich erwerben: Köderwürmer und -fischchen, Heuschrecken, Heimchen und Grillen, Tubifex (Bachröhrenwürmer), Mückenlarven und insbesondere die sogenannten Mehlwürmer, die keine Würmer sind, sondern die Larven des Mehlkäfers. Das ist ein notorischer Lebensmittelschädling, der im Vorratsschrank zur Plage werden kann, wenn er losgelassen wird. Also Vorsicht im Umgang mit ihm! Mehlwürmer, aber auch die Puppen und die daraus schlüpfenden Vollinsekten, sind seit Jahrzehnten beliebte Futtertiere für Reptilien und Amphibien, dürfen aber auf keinen Fall ausschließlich verfüttert werden, wozu manche Terrarianer aus Bequemlichkeit neigen, weil dieses Standard-Lebendfutter jederzeit preiswert zu haben ist.

Wer viele Terrarientiere zu versorgen hat und deshalb seine Futtertiere selber züchten will, tut sich mit den Mehlwürmern bzw. -käfern am leichtesten. Eine Mehlwurmzucht funktioniert fast von selbst, wenn man eine Handvoll dieser »Würmer« in ein ausbruchsicheres Gefäß (siehe oben!) einbringt und gut mit Mehl, Kleie, Haferflocken und verschiedenerlei Küchenabfällen versorgt. Die Zucht anderer Futtertierarten (Wanderheuschrecken, Grillen, Heimchen, Regenwürmer, Wachsmotten, Taufliegen u. a.) ist nicht ganz so einfach und kann hier nicht im einzelnen beschrieben werden. Zuchtansätze und Zuchtanleitungen bekommt man in vielen Zoogeschäften. Im übrigen gibt es Spezialfirmen, die die Zucht von Futtertieren im großen Stil betreiben und ihre Produkte an Interessenten versenden, unter Umständen sogar im Abonnement.

Der Anfänger, der nur einige wenige Amphibien oder Reptilien zu betreuen hat, braucht sich mit solchen Ernährungsproblemen nicht unnötig zu belasten. Selbst eine Futtertierzucht lohnt sich für ihn kaum. Es genügt, wenn er für seine Schützlinge im Haus und Freiland ein paar Insekten und sonstige Krabbeltiere fängt und zwischendurch als Zukost eine kleine Portion Mehlwürmer kauft, sozusagen als »eiserne Ration«.

Die meisten fleischfressenden Reptilien und Amphibien ernähren sich räuberisch, das heißt, sie jagen lebende Beutetiere, für gewöhnlich nur solche, die sich bewegen und durch ihre Bewegungen den Jagdreflex auslösen. Doch in Gefangenschaft lernen sie manchmal, auch leblose Beute in Gestalt von rohen Fleischhäppchen aufzunehmen. Herz, Leber, mageres Rindfleisch und sogar Fischfleisch, alles in feine Streifen geschnitten, bietet sich als Beuteersatz an. Man verabreicht die Fleischstreifen jedoch nicht in einem Futternapf, sondern packt sie mit einer langen Futterpinzette oder spießt sie mit einer Futternadel auf. Damit wedelt man den Terrarienbewohnern, die vorher eine Weile gefastet haben, so lange vor der Nase herum, bis sie schließlich zuschnappen. Wenn wir Glück haben, tun sie uns den Gefallen, und damit ist der Bann hoffentlich gebrochen, so daß wir uns fortan die Nahrungsbeschaffung noch etwas einfacher machen können.

Fabrikmäßig hergestelltes Fertigfutter, wie es für andere Heimtiere in riesiger Auswahl zur Verfügung steht, gibt es für Terrarientiere leider nicht, abgesehen von den verschiedenen guten Produkten, die vorwiegend für Wasserschildkröten gedacht sind. Bei bestimmten Arten kann man immerhin einen Versuch mit tiefgefrorenen oder gefriergetrockneten Futtertieren machen, die überall als Zierfischnahrung angeboten werden. Manche Experten raten auch dazu, den Vegetariern im Terrarium hin und wieder ein bißchen Katzenfutter aus der Dose unter das Grünzeug zu mischen, wie überhaupt die Pflanzenfresser eine gelegentliche kleine Fleischbeigabe nicht verschmähen.

Dieses allgemeine, aber wichtige Ernährungskapitel möchte ich beschließen mit einer Empfehlung, die zu den grundlegenden Prinzipien der Terraristik gehört:

Füttern Sie Ihre Schützlinge stets so artgerecht und abwechslungsreich, wie es Ihnen möglich ist!

Gesundheitsfürsorge

Wenn man in einem umfassenden Handbuch das Kapitel über die Krankheiten der Terrarientiere durchblättert, fühlt man sich in ein wahres Horrorkabinett versetzt. Schon die bloße Aufzählung der Beschwerden und ernsthaften Erkrankungen, von denen Reptilien und Amphibien heimgesucht werden können, füllt ganze Seiten: Infektionen durch Viren, Bakterien und Pilze; Befall durch Innen- und Außenschmarotzer; Tumoren und andere Geschwulstbildungen; Mangelkrankheiten durch fehlende Vitamine und Mineralstoffe und so weiter und so fort.

Soviel steht fest: Unsere Terrarientiere sind keineswegs so robust und unverwüstlich, wie es auf den ersten

Blick erscheinen mag. Sie sind allerdings, jedenfalls die meisten von ihnen, ausgesprochen zählebig und »leidensfähig«, so daß man ihnen ihren schlechten Gesundheitszustand zunächst nicht ansieht. Außerdem haben sie allesamt nicht die Möglichkeit, uns ihre Schmerzen und Leiden durch eindeutige Lautäußerungen anzuzeigen. Um so mehr sind wir deshalb verpflichtet, ihr Aussehen und Verhalten ständig zu kontrollieren, damit uns etwaige Krankheitssymptome nicht entgehen.

Ziemlich sichere Anzeichen für innere Erkrankungen sind deutlich und anhaltend verändertes Verhalten, Apathie, Bewegungsarmut, Futterverweigerung und Durchfall. Vielfach handelt es sich »nur« um Mangelerscheinungen infolge unsachgemäßer Haltung und Ernährung. Mit erhöhter Wärme, vorsichtig dosierter UV-Bestrahlung (besonders bei Reptilien) sowie Vitamin- und Mineralstoffgaben kann man kränkelnde Tiere oft wieder gesundpflegen. Offensichtlich schwerer erkrankte Patienten müssen sofort isoliert werden, damit sie ihre noch gesunden Mitbewohner nicht anstecken können, und gehören so schnell wie möglich in die Hand des Tierarztes. Nehmen Sie zwecks Abklärung der Krankheitsursache nach Möglichkeit ein paar Kotproben mit, für die mikroskopische

Die Häutung ist ein natürlicher Vorgang und kein Krankheitsanzeichen. Hier streift ein Rotkehlanolis seine alte Körperhülle ab, unter der die glänzende neue Haut bereits vollständig ausgebildet ist.

Eine wesentliche Voraussetzung für die Gesunderhaltung unserer Terrarientiere ist ein artgerecht und zweckmäßig eingerichtetes Terrarium.

Untersuchung durch den Arzt oder ein Labor.
Äußerlich sichtbare Veränderungen am Körper, die augenscheinlich relativ harmlos sind, kann man ebenfalls selbst zu kurieren versuchen. Verletzungen behandelt man, nach der Desinfizierung der Wunde, mit Hautsalbe oder -pulver aus der tiermedizinischen Abteilung der Apotheke. Bei Entzündungen und offenen Geschwüren hilft oft eine milde (schwachrosa) Kaliumpermanganatlösung, die wiederholt aufgetupft oder als »Badewasser« verwendet wird. Doch auch hier sollte der Patient zum Tierarzt gebracht werden, wenn nach einigen Tagen keine Besserung eintritt.
Auch und gerade in der Terraristik gilt der altbewährte Grundsatz, daß Vorbeugen besser ist als Heilen. Um von vornherein zu verhindern, daß unsere Pfleglinge ernstlich erkranken, sollten wir die nachfolgenden Maßregeln befolgen. Sie bieten zwar keine Garantie für lebenslange Gesundheit, sind aber die beste Prophylaxe, die wir kennen, und mindern das Krankheitsrisiko ganz erheblich:

▶ Erwerben Sie nur erkennbar gesunde und kräftige Tiere (siehe dazu S. 18).

▶ Bringen Sie die Tiere artgerecht in einem Terrarium unter, in dem die Lebensbedingungen (Belüftung, Wärme, Licht, Feuchtigkeit usw.) stimmen.

▶ Achten Sie darauf, daß die Einrichtung des Behälters zweckmäßig und hygienisch einwandfrei ist; im alten Streit zwischen praxisgerechter Ausstattung und romantischem, »naturgetreuem« Dekor entscheiden wir uns immer zugunsten der Hygiene, also zugunsten der Tiere.

▶ Sauberkeit ist oberstes Gebot: Entfernen Sie regelmäßig (mit den Fingern, einer Pinzette oder einem Schäufelchen) alle Exkremente, Futterreste und sonstigen Abfälle, reinigen Sie die Scheiben, Wände, Dekorgegenstände, Wasserschalen, Trink- und Futternäpfe stets nur mit Lappen, Schwamm und warmem Wasser, niemals mit aggressiven chemischen Putzmitteln.

▶ Wechseln Sie im Aquaterrarium das Wasser so oft wie nötig, auf jeden Fall bevor es sich in eine braune Brühe verwandelt oder zum Himmel stinkt.

▶ Übertreiben Sie aber die Behälterpflege nicht. Das ständige Hantieren im Terrarium stört nur unnötig den Frieden der Tiere und kann für sie zu einer echten Streßbelastung werden.

▶ Füttern Sie Ihre Schützlinge so vielseitig wie möglich, am besten mit pflanzlicher bzw. tierischer Kost, die viel Sonne »getankt« hat (Wiesenplankton, Grünfutter aus Garten und Feld, nicht aus dem Treibhaus).

▶ Sehr wichtig: Reichern Sie das Futter regelmäßig mit Vitaminen und Mineralstoffen, besondes Kalk, an, indem Sie es mit einem Multivitamin- und Kalziumpräparat beträufeln oder bestäuben; es sind viele bewährte Präparate im Handel, die Sie im Zoofachgeschäft, aber auch in der Drogerie oder Apotheke erhalten.

▶ Wenn Sie zu Ihren bereits vorhandenen Terrarientieren einen neuen Artgenossen oder artfremden Gefährten hinzusetzen wollen, sollten Sie ihn nach Möglichkeit mehrere Tage lang in einem gesonderten Quarantänebehälter einquartieren, bis Sie sicher sind, daß er keine Krankheiten einschleppen wird.

▶ Fragen Sie, wenn Sie einen Krankheitsverdacht haben, in Zweifelsfällen zuerst einmal Ihren – hoffentlich sachkundigen – Zoohändler oder einen erfahrenen Terrarianer; solche Leute sind vielfach gute Diagnostiker und kennen manchmal Tricks und Geheimrezepte, die in keinem Lehrbuch stehen.

▶ Erkundigen Sie sich rechtzeitig vor dem Ernstfall, wo in Ihrer Nähe ein Tiermediziner wohnt, der sich mit Reptilien, Amphibien und sonstigem Kleingetier auskennt.

▶ Beobachten Sie Ihre Pfleglinge sorgfältig, und greifen Sie sofort ein, wenn Sie den sicheren Eindruck haben, daß ein Tier erkrankt ist. Doch geraten Sie nicht bei jeder kleinen Unregelmäßigkeit in Panik. Finden Sie sich damit ab, daß auch Terrarientiere nicht ewig leben und manchmal nicht mehr zu retten sind, selbst wenn Sie alles Erdenkliche für ihr Wohlergehen getan haben.

Der Tokeh aus dem Fernen Osten gehört zur Familie der Geckos, wie man an seinen Haftlamellenfüßen unschwer erkennt. Und daß er dämmerungs- und nachtaktiv ist, verraten seine großen Nachttieraugen.

Reptilien

Vorbemerkungen

Die Reptilien oder Kriechtiere werden, zusammen mit den Vögeln und Säugetieren, zu den Höheren Wirbeltieren gestellt. Unter den typischen Terrarientieren nehmen sie, was sowohl ihre Entwicklungshöhe als auch ihre Beliebtheit bei den Heimtierfreunden angeht, den obersten Rang ein. Deshalb steht es ihnen zu, unsere Auswahl der Artbeschreibungen zu eröffnen.

Reptilien, jedenfalls die allermeisten, sind aus menschlicher Sicht durchaus schön und wohlgestaltet oder zumindest originell. Und sie sind, entgegen dem landläufigen Vorurteil, überhaupt nicht »schleimig« oder »glitschig«; selbst die aus tiefsitzendem Argwohn seit biblischen Zeiten verabscheuten und gefürchteten Schlangen fühlen sich wunderbar glatt und geschmeidig an und besitzen eine geheimnisvolle Schönheit, die sich freilich erst auf den zweiten Blick in der Eleganz ihrer Zeichnungsmuster und Bewegungen offenbart.

Alle Reptilien haben, sofern sie sich nicht gerade im Wasser oder im Sumpf tummeln, eine ausgesprochen trockene, berührungsfreundliche Haut, die drüsenarm und mit anmutig und regelmäßig geformten Hornschuppen oder -schilden bedeckt ist, nie jedoch mit Federn oder Haaren wie bei den anderen Höheren Wirbeltieren.

Was sie von diesen noch wesentlicher unterscheidet als die Körperbedeckung, ist ihre »Kaltblütigkeit«. Reptilien – und ebenso alle Amphibien, Fische und Wirbellosen – werden im Gegensatz zu den warmblütigen Vögeln und Säugern als Kaltblüter bezeichnet, weil ihr Blut und somit auch ihr ganzer Körper keine konstant erhöhte Temperatur produziert. Doch wirklich kalt sind sie nur ausnahmsweise, nämlich dann, wenn auch ihre Umgebung kalt ist. Und wenn es ihnen gar zu kalt wird, sterben sie den Kältetod, sehr viel eher als Säuger oder Vögel, die dank ihrer »inneren Heizung« sehr niedrige Außentemperaturen aushalten können. Deswegen leben in den Polarregionen zwar Eisbären und Pinguine, aber keine Reptilien.

So paradox es klingt, die sogenannten Kaltblüter haben es in der Regel gerne warm bis sehr warm. Um ihre lebensnotwendigen Aktivitäten voll entfalten zu können, brauchen sie Wärme, die sie nur von außen beziehen, aus der Luft und aus dem Untergrund (Substrat). Eidechsen beispielsweise sind am Morgen, wenn sie aus ihren Verstecken hervorkommen, zunächst ziemlich kalt und unbeweglich. Erst nachdem sie etwas Sonnenwärme gespeichert haben, kommen sie rich-

Die Ringelnatter hat ihre zu eng gewordene Haut, das »Natternhemd«, abgestreift und sieht jetzt wieder wie neu aus.

tig auf Touren. Aber zuviel Wärme vertragen sie auch nicht, weswegen sie, um dem Hitzetod zu entgehen, bei starker Sonneneinstrahlung Schattenplätze aufsuchen. Entsprechendes gilt für die Überwinterung. In unseren Breiten ist es den Reptilien in den Wintermonaten einfach zu kalt. Sie wären zu unbeweglich, um sich die erforderliche Nahrung zu beschaffen, die in der kalten Jahreszeit ohnehin nur spärlich vorhanden ist. Deswegen verziehen sie sich in den Untergrund oder einen Unterschlupf, wo ständig noch annehmbare Temperaturen herrschen, und verfallen in eine Winter- oder Kältestarre. Der gesamte Organismus funktioniert dann gleichsam auf Sparflamme.

Aus alledem geht hervor, daß der volkstümliche Begriff Kaltblüter nicht ganz zutrifft. Besser ist es, von wechselwarmen (poikilothermen) Tieren zu sprechen, weil sich ihre Blut- und Körpertemperatur der jeweiligen Umgebungstemperatur angleicht. Jeder Reptilientyp besitzt eine sogenannte Vorzugstemperatur, bei der er sich am wohlsten fühlt. Als Dauerzustand verlangen die Tiere durchweg eine relativ hohe Außentemperatur von etwa 25–40 °C, die wir ihnen auch im Terrarium bieten müssen, vor allem wenn es sich um Arten aus tropischen Regionen handelt. Aber selbst bei den größten »Sonnenanbetern« unter den Reptilien dürfen wir aus falschverstandener Tierliebe die Wärmezufuhr nicht übertreiben, denn wie wir jetzt wissen, führt Überhitzung genauso sicher zum Tod wie Unterkühlung.

Dieser Mauergecko hat seinen ursprünglichen Schwanz eingebüßt und durch einen unansehnlicheren neuen ersetzt. Man sieht deutlich, wo die »Sollbruchstelle« verläuft.

Eine Besonderheit, die zwar nicht auf die Reptilien beschränkt ist, aber bei ihnen besonders auffällt, ist die Häutung, das periodische Abstoßen und Erneuern der äußeren Hornschicht bei Echsen, Schlangen und – weniger auffällig – auch bei Schildkröten. Da diese Körperbedeckung nicht mitwächst, muß sie, vor allem im Jugendstadium, von Zeit zu Zeit wie ein zu eng gewordener starrer Panzer gesprengt und durch eine nachgewachsene, etwas größere Hülle ersetzt werden. Bei Echsen löst sich die alte Haut in Fetzen ab, bei Schlangen meist als kompletter umgestülpter, hauchdünner und fast durchsichtiger Schlauch, den man als »Natternhemd« bezeichnet – nicht nur bei Nattern, sondern bei allen Schlangenarten.

Das Häuten ist ein natürlicher und naturnotwendiger Vorgang, den man nicht als Krankheitszustand mißdeuten darf. Wenn also einer Eidechse die Haut in unregelmäßigen grauen Fetzen am Leibe hängt oder wenn eine Schlange plötzlich milchigweiß überzogene Augen bekommt, dann ist das kein Grund zur Aufregung, sondern lediglich ein Zeichen, daß der Häutungsprozeß eingesetzt hat. Verläuft er normal, ist das Tier nach einigen Tagen wieder »wie neu«. Schwierigkeiten bei der Häutung treten allerdings gelegentlich auf, insbesondere bei einer zu trockenen Haltung. Hier kann man ein wenig nachhelfen, indem man das Problemtier einige Zeit in ein lauwarmes Bad setzt oder mehrmals gründlich besprüht. Unter Umständen sollte man die so eingeweichten losen Hautpartien mit einer Pinzette behutsam abzupfen. Schlangen brauchen im übrigen eine Behältereinrichtung mit geeigneten rauhen Steinen oder Ästen, an denen sie sich reiben können, um die alte Haut ohne sonderliche Mühe abzustreifen.

Ein anderes Phänomen, das wir allein bei Reptilien, speziell bei bestimmten Echsen, antreffen, ist das Abwerfen des Schwanzes. Wohl jeder hat schon einmal eine Eidechse gesehen, die nur noch ein verkümmertes Schwanzende besaß. Bei einem solchen Tier ist der ursprüngliche Schwanz an einer von der Natur vorgesehenen »Sollbruchstelle« abgebrochen und durch ein unansehnliches neues Endstück ersetzt worden. Diese Form der Selbstverstümmelung (Autotomie), die keine Schmerzen verursacht, aber die naturgegebene Vollkommenheit der Tiergestalt etwas beeinträchtigt, gehört zum Abwehrverhalten der wehrlosen kleinen Geschöpfe. Wenn sie sich einem Freßfeind nicht durch rasche Flucht entziehen können, werfen sie ihren Schwanz ab, der noch eine Weile zuckt und den Feind ablenkt, beziehungsweise ihm als leichte Beute fürs erste genügt. Die lädierte Eidechse entkommt zwar, muß sich aber damit abfinden, daß ihr Schwanz erst nach einiger Zeit in reduzierter Schönheit und Länge wieder nachwächst. Neben Eidechsen sind vor allem Geckos Experten im Schwanzabwerfen. Solche Terrarienbewohner darf man nie am Schwanz festhalten und auch ansonsten nicht zu grob anfassen.

Echsen

Unter dem Begriff Echsen fassen die Systematiker sämtliche Mitglieder der Unterordnung Sauria zusammen, die zusammen mit einer zweiten Unterordnung, den Schlangen (Serpentes), die Ordnung Schuppenkriechtiere (Squamata) bildet. Der Name Echse klingt urtümlich, ist aber ein Gelehrtenkunstwort des 19. Jahrhunderts, das durch eine falsche Trennung des wirklich uralten Wortes Eidechse entstanden ist (eigentlich müßte es nämlich nicht »Echse«, sondern »Dechse« heißen). Im alltäglichen Sprachgebrauch gehen beide Benennungen nach wie vor durcheinander, und der Laie bezeichnet gern alle schlanken, flinken Reptilien mit langem Schwanz kurzerhand als Eidechsen.

Wer aber, wie jeder zünftige Terrarianer, kein unbedarfter Laie mehr ist, weiß zu unterscheiden: Die vorerwähnte Unterordnung Sauria umfaßt eine ganze Reihe von Familien, darunter die sehr artenreiche der »echten« **Eidechsen** (Lacertidae), denen wir uns als erstes kurz zuwenden müssen, weil sie uns von allen Echsen am vertrautesten sind. Denn diese Familie ist ausschließlich auf die Alte Welt beschränkt und vor allem in Europa stark vertreten. Da aber bekanntlich alle europäischen Arten aus gutem Grund unter Schutz stehen, wird man im seriösen Handel kaum jemals die einst als Terrarientiere so beliebten Zaun-, Mauer-, Perl- und Smaragdeidechsen antreffen. Der Verzicht mag manchem altgedienten Terrarienliebhaber schwerfallen, aber

Der Grüne Leguan ist eine imposante Erscheinung, die an einen urweltlichen Drachen erinnert. Er ist aber ausgesprochen friedfertig und ernährt sich vorwiegend von Pflanzenkost. In seinem Lebensraum Urwald – und im Terrarium – hält er sich am liebsten auf hohen Ästen auf.

zumal die beiden letztgenannten Arten, die vor Jahren noch für wenig Geld in jedem Zoogeschäft zu haben waren, sind inzwischen vom Aussterben bedroht.

Eher fündig werden wir in anderen Echsenfamilien, die ihre Heimat in exotischen Ländern haben und großenteils offenkundig noch nicht so gefährdet sind wie unsere einheimischen Eidechsen. Das liegt vorwiegend daran, daß sich Reptilienpopulationen – zumindest vorerst noch – in wenig erschlossenen Urwald-, Steppen-, Wüsten- und Bergregionen ungestörter und zahlreicher entfalten können als etwa im hochindustrialisierten und dichtbesiedelten Europa, wo kaum noch ursprüngliche und großräumige Naturlandschaften existieren. Deshalb bedeutet die Entnahme und Ausfuhr von einzelnen »Exoten« für Liebhaberzwecke im allgemeinen keinerlei Gefahr für die Gesamtbestände. Gleichwohl stehen weltweit viele Arten, die in Terrarianerkreisen besonders begehrt sind, auf der »Roten Liste« des Washingtoner Artenschutzübereinkommens und benötigen somit eine CITES-Bescheinigung (siehe S. 16), oft auch dann, wenn sie hierzulande nachgezogen wurden. Achten Sie also beim Erwerb darauf, ob Sie diesen Herkunftsnachweis benötigen!

Leguane

Zum festen Bestand der internationalen Terraristik gehören verschiedene attraktive und relativ »pflegeleichte« Arten aus der Familie Leguane (Iguanidae). Sie ist fast ausschließlich in der Neuen Welt, von den USA bis zur Südspitze Südamerikas, weit verbreitet, doch kurioserweise sind einige Arten auch auf isolierten ozeanischen Inseln heimisch geworden – nicht nur auf den zu Ecuador gehörenden

Galapagos, sondern sogar auch auf Madagaskar und den Fidschis.

Der bekannteste und beliebteste Vertreter der Familie ist der prachtvolle **Grüne Leguan** *(Iguana iguana)* aus dem mittel- und südamerikanischen Raum. Er bewohnt das Geäst dichtbelaubter Wälder, vorzugsweise in Ufernähe, was den Vorteil hat, daß er sich bei Gefahr einfach ins Wasser fallen lassen und blitzschnell abtauchen kann. Wasserscheu ist er jedenfalls nicht. Aber er kann auch aus einer Höhe von mehreren Metern auf den Erdboden springen, um sich seinen Feinden zu entziehen. Zu den Feinden zählen nicht zuletzt die Eingeborenen, die den Grünen Leguan als wohlschmeckenden Fleischlieferanten bejagen.

Ein ausgewachsener Grüner Leguan ist eine imposante Erscheinung, denn er kann ausnahmsweise eine Gesamtlänge von über 2 m erreichen; davon entfallen allerdings fast drei Viertel auf den schlanken, spitz zulaufenden Schwanz. Unter dem mächtigen Kopf hängt ein seitlich abgeplatteter Kehlsack, der beim Männchen besonders ausgeprägt ist, und der Rücken trägt einen hohen Stachelkamm, der gefährlich aussieht, aber biegsam und harmlos ist. Gefahr geht allenfalls von den scharfen, kraftvollen Krallen aus, die zwar nie in böser Absicht als Waffen eingesetzt werden, aber von Natur aus so spitz sind, daß sie bei bloßer Berührung die Haut ritzen können.

Bis der Leguan seine Maximalgröße erlangt, vergehen mehrere Jahre, und im Terrarium bleibt er ohnehin kleiner. Mit zunehmendem Alter gleicht er immer mehr einem Drachen aus der Vorzeit – aber er ist und bleibt ein liebenswerter, menschenfreundlicher Drache. Bei den Grünen Leguanen, die gelegentlich angeboten werden, handelt es sich in der Regel um Jungtiere, die nicht mehr als 25–30 cm messen und eher Ähnlichkeit mit einer niedlichen Eidechse haben. Sie werden rasch zahm und zutraulich. Schon nach kurzer Eingewöhnungszeit lassen sie sich aus der Hand füttern und bereitwillig aus dem Behälter nehmen, um auf den Armen und Schultern ihres Pflegers herumzusteigen, den sie offensichtlich als ihre Bezugsperson erkennen und anerkennen. Man glaubt sogar so etwas wie Gefühl und Intelligenz in ihren dunklen, großen Augen wahrzunehmen.

Mein geliebter grüner »Hausdrache«, der mir jahrelang viel Freude gemacht hat und zu einem Riesen von 1,20 m herangewachsen war, als er das Zeitliche segnete, durfte frei in der Wohnung umherspazieren, im Sommer sogar im geschlossenen Atriumgarten. Mit Vorliebe kletterte er auf Sträucher und Bäume, um die Sonne zu genießen und die Welt von hoher Warte zu betrachten, wie es Leguanart ist. Allerdings unternahm er seine Exkursionen nur noch unter Aufsicht, nachdem es ihm einmal fast gelungen wäre, über die Mauer auf das Nachbargrundstück zu entwischen. Nie hat er Menschen gegenüber Aggressivität oder Bissigkeit gezeigt, obwohl sein Kopf mit den kräftigen Kiefern am Ende so groß war wie eine Männerfaust. Das erklärt sich damit, daß Grüne Leguane keine Beutegrei-

Wenn der Grüne Leguan einem Rivalen zeigen will, wer der Stärkere ist, bläht er seinen Kehlsack auf und nickt eifrig mit dem Kopf. Er begnügt sich in aller Regel mit dieser neckisch anmutenden Drohgebärde.

Ein jugendlicher Grüner Leguan.

fer sind wie die meisten Echsen, sondern friedfertige Vegetarier. In der Jugend sind sie zwar eher Gemischtköstler, die neben dem Pflanzenfutter tierische Nahrung brauchen (Insekten, Fleischhäppchen, notfalls Mehlwürmer), aber je älter sie werden, desto mehr verlegen sie sich auf Grünzeug aller Art (Salat, Gemüse, Wildkräuter, Obst), dem man jedoch zwischendurch eine kleine Fleischzulage beigeben sollte. Das Futter, das man regelmäßig mit einem Vitamin- und Kalkpulver bestäubt, wird appetitlich in einem schweren, standfesten Napf serviert.

Abgesehen davon, daß die Krallen häufig Kratzwunden hinterlassen, sofern man zum Umgang mit seinem Schützling keine Handschuhe anzieht, ist der Grüne Leguan ein Ausbund an guten Eigenschaften. Daß er ziemlich groß wird, ist schließlich nicht seine Schuld, muß aber vor dem Erwerb eines Jungtiers wohl erwogen werden. Die Dimensionen der Leguanwohnung müssen auf jeden Fall der Größenzunahme des Insassen angepaßt werden. Eine Zeitlang kann man einen Leguan – besser noch ein Pärchen – in einem geheizten Standardterrarium pflegen, doch dann muß eine geräumigere Unterkunft her, die man mit etwas Phantasie und Geschick selber bauen kann. Sie sollte möglichst hoch und mit einem stabilen Kletterbaum oder starkem Astwerk ausgestattet sein, außerdem mit einem großen Wasserbehälter. Zusätzlich werden die Tiere und die Einrichtung täglich mit lauwarmem Wasser besprüht, damit annäherungsweise das Milieu eines feuchtwarmen Urwaldbiotops entsteht.

Wer befürchtet, ein Grüner Leguan könnte ihm über den Kopf wachsen, der findet in der Familie Iguanidae auch kleinere und nicht minder reizvolle Alternativen, zum Beispiel den **Halsbandleguan** *(Crotaphytus collaris)* aus dem Südosten der USA, der höchstens 25–30 cm lang wird. Er hat einen kurzen, gedrungenen Rumpf und auffallend kräftige Hinterbeine. Auf ihnen allein kann er erstaunlich rasch laufen, wobei er den aufgebogenen Schwanz als Balancierstange und Steuerruder benutzt. Sein besonderes Kennzeichen aber ist das namengebende schwarze Doppelhalsband, das bei den unscheinbarer gefärbten Weibchen schwächer ausgebildet ist.

Halsbandleguane sind Bodenbewohner und Sonnenanbeter, und darum benötigen sie ein trockenes Terrarium mit großer Grundfläche, Bodenheizung, Sandbelag, dicken Astknorren und großen Steinen, auf denen sie ausgiebig Sonne tanken können. Denn viel Sonne oder ersatzweise eine hitzespendende Lampe ist für das Wohlergehen der Tiere unerläßlich, die höhere Temperaturen – bis 45 °C – vertragen als die allermeisten

Der Halsbandleguan mit seinem unverwechselbaren schwarzen Doppelhalsband ist ein temperamentvoller Bursche, der sich vorzugsweise auf dem sonnenwarmen Boden fortbewegt.

Der Rotkehlanolis ist eine der anmutigsten und zierlichsten Echsen überhaupt. Seinen Namen verdankt er dem Umstand, daß er seine große rote Kehlhaut abspreizt, wenn er einem Rivalen oder einem Weibchen imponieren will.

Reptilien. Die karge Terrarienlandschaft läßt sich durch ein paar eingetopfte Kakteen (ohne allzu spitze Stacheln) ein wenig beleben. Ernährt werden die Insassen mit Lebendfutter aller Art, vorzugsweise Heuschrecken, Grillen, Heimchen und großen Glattraupen, und ihren Durst stillen sie mit frischem Wasser, das in einem Schälchen stets bereitstehen sollte.

Die lebhaften und bewegungsfreudigen Halsbandleguane gelten als etwas streitsüchtig, aber sie können auch recht zutraulich werden, wenn man sich viel mit ihnen beschäftigt. Leidlich zahm gewordenen Pfleglingen kann man sogar unter Aufsicht einen Freigang im Zimmer gestatten, in dem sie ihr Temperament voll entfalten können.

Die sympathische Leguanfamilie hat noch einiges mehr zu bieten, was für den Terrarianer interessant ist, doch ich möchte mich hier auf die Gattung *Anolis* beschränken. Der wissenschaftliche Gattungsbegriff wurde für die volkstümlichen Namen übernommen; die Eindeutschung »Saumfinger« hat sich nicht recht durchgesetzt. Man spricht also allgemein von Anolis (so lautet auch die Einzahlform), wenn man diese bildhübschen, grazilen Kletterechsen meint, die in rund 300 (!) Formen über Mittelamerika, das südliche Nordamerika und die Inseln der Karibik verteilt sind.

Als Terrarientiere, die auch heute noch relativ häufig im Handel sind, haben sich aus dieser Artenfülle vor allem zwei bewährt: **Brauner** oder **Haiti-Anolis** *(Anolis sagrei)* und **Rot-**

kehlanolis *(Anolis carolinensis).* Beide werden nur etwa 20 cm lang und fühlen sich in einem geheizten, hohen Standardterrarium wohl, das nicht zu trocken sein darf (in einem Zimmer mit Zentralheizung regelmäßig besprühen) und viel Klettermöglichkeiten – auch in Form von lebenden Pflanzen – bieten sollte. Das Futter besteht aus Insekten (Wiesenplankton, Spinnen, auch Mehlwürmer). Ansonsten sind die kleinen Anolis recht anspruchslos und auf den ersten Blick ziemlich unscheinbar. Faszinierend ist jedoch ihr Verhalten. Sie können wie ein Chamäleon je nach Stimmungslage die Körperfarbe wechseln und – das gilt freilich nur für die Männchen – die große Kehlhaut wie einen Fächer nach unten abspreizen, wenn sie erregt oder verliebt sind. Beim Rotkehlanolis ist diese Haut dann leuchtend rot gefärbt und mit hellen Pünktchen übersät, beim Braunen Anolis schimmert sie mehr gelblich bis orange. Dieses merkwürdige Phänomen ist ein Imponiergehabe, das mit dem Revier- und Paarungsverhalten zusammenhängt. Anolis besetzen nämlich in der Natur und auch im Terrarium ein Revier, einen Eigenbezirk, den sie gegen männliche Artgenossen verteidigen, oft sehr vehement. Andererseits will das Männchen mit der gespreizten Kehlhaut und mit Kopfnicken seine Geschlechtspartnerin beeindrucken und verführen, was auch in Gefangenschaft häufig zum Erfolg und damit zu willkommenem Nachwuchs führt. Für uns Terrarianer ergibt sich daraus folgendes: Man soll Anolis

Der Braune oder Haiti-Anolis bleibt im allgemeinen noch etwas kleiner als der Rotkehlanolis und besitzt zum Imponieren ebenfalls eine prächtig gefärbte Kehlhaut.

Dieser Ritteranolis hat offensichtlich eine Beute erspäht, die er nicht jagt, sondern vorsichtig beschleicht.

nach Möglichkeit paarweise halten, und zwar jeweils nur ein Paar in einem normalen Behälter, weil es auf engem Raum sonst zu argen Streitereien zwischen den rivalisierenden Männchen käme. Mit artfremden Echsen etwa gleicher Größe vertragen sich die Anolis dagegen recht gut.

Wer Gefallen an den reizenden Anolis gefunden hat, sollte sich nicht unbedingt auf die beiden genannten Arten kaprizieren, sondern den Kauf erwägen, wenn irgendwo andere Mitglieder der Gattung angeboten werden. Deren Pflegeansprüche gleichen den hier beschriebenen. Das gilt auch für den größten und markantesten Anolis überhaupt, den **Ritteranolis** *(Anolis equestris)* aus Kuba, der wegen seiner stattlichen Länge von 50 cm und mehr auch **Riesenanolis** genannt wird. Er braucht natürlich entsprechend mehr Platz als seine kleinen Verwandten, doch dafür entschädigt er uns durch sein gesetzteres Wesen.

Agamen

Den Leguanen sind die Agamen (Familie Agamidae) in Aussehen und Verhalten vielfach fast zum Verwechseln ähnlich. Die Trennung der beiden Familien ist geographisch bedingt: Die Leguane gehören zur Neuen Welt, die Agamen leben ausschließlich in der Alten Welt und in Australien. Aus Australien kommt die graubraune **Bartagame** *(Amphibolurus barbatus)* zu uns. Ihren deutschen Namen verdankt sie ihrem auffälligen Imponier- und Drohverhalten. Wenn sie sich bedroht fühlt, benimmt sie sich wie ein typischer Angeber. Sie bläht sich auf und reißt das Maul weit auf. Dabei wird die mit Stacheln bestückte Kinnfalte so abgespreizt, daß der Eindruck eines imposanten Bartes entsteht. Doch das Ganze ist nur Schau – einem Menschen wird die Bartagame nicht gefährlich, wohl aber etwaigen kleinen

Australien ist die Heimat der stattlichen Bartagamen. Ihr Hauptlebensraum sind reich strukturierte Sand- und Geröllböden.

Der Afrikanische Dornschwanz sieht gefährlicher aus, als er ist. Er hat ein menschenfreundliches Naturell und wird meist nach kurzer Eingewöhnungszeit zahm und zutraulich.

Mitbewohnern des Terrariums, denn sie kann immerhin gut 50 cm lang werden und ernährt sich vorwiegend von tierischer Beute, vor allem größeren Insekten, aber auch kleinen Echsen, wenn sie ihr vors Maul kommen. Auch Pflanzenkost wird meist nicht verschmäht. Die robuste Agame, die in den Wüsten, Savannen und lichten Wäldern des Fünften Kontinents heimisch ist, wünscht sich eine geheizte Unterkunft mit großer Bodenfläche, dickem Sandbelag, starken Kletterästen und Steinblöcken. Eine Wasserschale als Trink- und Badegelegenheit darf nicht fehlen.

Kleiner und pflegeleichter sind die Dornschwanzagamen (Gattung *Uromastyx*), etwas plumpe, gemütlich wirkende Bodenbewohner, die einschließlich des mit dicken Hornstachelringen bewehrten, aber völlig harmlosen Schwanzes etwa 40 cm lang werden. Für den Terrarianer, insbesondere den Anfänger, kann ich von den insgesamt 12 Arten die folgenden beiden empfehlen, mit denen ich selbst die besten Erfahrungen gemacht habe: den **Afrikanischen** oder **Veränderlichen Dornschwanz** *(Uromastyx acanthinurus)* und den **Indischen Dornschwanz** *(Uromastyx hardwickii)*.

Besonders farbenprächtig sind die vegetarisch lebenden Tiere gerade nicht (ihre Grundfärbung ist ein Grau in verschiedenen Abstufungen, das durch gelbliche, grüne oder blaue Farbtupfer belebt wird), aber sie haben einen originellen, liebenswürdigen Charakter, der ihr furchterregendes stachliges Aussehen Lügen straft. In freier Wildbahn müssen sich die Echsen mit dem kräftigen Dornschwanz und dem ebenso kräftigen Maul gegen Freßfeinde verteidigen, doch in der Obhut des Menschen verliert sich ihre ohnehin schwach entwickelte Kampflust sehr bald. Sie werden zutraulich, lassen sich kraulen und fressen ihrem Pfleger sogar aus der Hand – falls sie überhaupt fressen! Während sich die anderen Vegetarier, die wir kennengelernt haben, nämlich die Grünen Leguane, geradezu mit Begeisterung auf ihre »Salatschüssel« stürzen, geben sich die Dornschwänze eher zurückhaltend, wenigstens am Anfang. Man muß schon einige Mühe aufwenden, wenn man die zunächst recht scheuen Echsen zur Futteraufnahme bewegen will. Das übliche Grünzeug wird oft abgelehnt, aber gelbe Blüten scheinen auf die Tiere eine seltsame Faszination auszuüben. Also eröffnen wir ihnen mit leuchtend gelben Löwenzahnblüten allmählich den Zugang zu den übrigen Vegetabilien, die ihre Grundnahrung ausmachen. Salat, Klee, Apfel-, Birnen- und Tomatenstückchen, geraspelte Möhren, Reis, Mais und Hirse. Für eine gelegentliche Insekten- oder Wurmbeilage sind sie durchaus empfänglich, denn wir dürfen nicht vergessen, daß die Dornschwänze in der Jugend über ein ausgesprochenes Insektenfressergebiß verfügen, das sich nach und nach zum Pflanzenfressergebiß umbildet, in dem freilich erstaunlich viel Kraft steckt: Eine getrocknete Erbse wird beispielsweise mühelos geknackt.

Dornschwänze gehören in einen geräumigen Behälter vom Typ »geheiztes, trockenes Terrarium«. Eine Bodenheizung ist unerläßlich für diese Halbwüstenbewohner, ein zusätzlicher Infrarotstrahler sehr zu empfehlen. Abends sollte die Heizung abgeschaltet werden, denn warme Tage und kühle Nächte entsprechen dem

Wie sein afrikanischer Vetter ist auch der Indische Dornschwanz ein harmloser, geselliger Vegetarier. Ohne Futterneid haben sich hier gleich drei Artgenossen um eine Schüssel mit »gemischtem Salat« versammelt.

Ungefähr in Lebensgröße sind hier zwei Zwerggürtelschweife abgebildet. Die Tierchen sind unscheinbar düster gefärbt, haben aber einen liebenswerten Charakter.

natürlichen Lebensrhythmus der Tiere. An die Inneneinrichtung stellen sie keine großen Ansprüche: Ein durch Steinbrocken und -platten aufgelockerter tiefer Sandboden, in dem die scharrfreudigen Agamen gern einen Sandsturm en miniature entfachen, genügt ihnen vollkommen.

Gürtelechsen

Noch einen weiteren »Stachelritter« möchte ich in diesem Zusammenhang gerade dem Anfänger ans Herz legen, den südafrikanischen **Zwerggürtelschweif** *(Cordylus cordylus),* der jedoch einer anderen Familie angehört, den Gürtelechsen (Cordylidae). Er mißt nur etwa 15 cm, ist düster graubraun bis fast schwarz gefärbt und trägt auf der Oberseite des Rumpfs und am Schwanz stachlige Schuppen, mit denen er sich zu schützen versucht, wenn er in Felsspalten vor seinen Feinden Zuflucht sucht. Die anmutigen, anspruchslosen Echsenzwerge sind Boden- und Felsbewohner und begnügen sich deshalb mit einem relativ kleinen Terrarium, das länger als hoch sein sollte. Die schlichte Einrichtung besteht aus Sand und einem spaltenreichen »Felsendekor«.

Bei einem warmen, sonnigen Standort im Zimmer oder während der Sommermonate auf dem Balkon kann man sogar auf eine zusätzliche Heizung verzichten; ansonsten reicht eine wärmespendende Lampe. Ihren bescheidenen Durst stillen die Tiere mit »Tautropfen« aus der Sprühflasche und ihren Hunger mit kleineren Insekten aller Art.

Skinke

Vergleichsweise bescheidene Hausgenossen sind auch die fast weltweit verbreiteten Skinke (Familie Scincidae), von denen ich wenigstens zwei Arten vorstellen möchte, stellvertretend für einige andere Arten, die hin und wieder angeboten werden. Wegen ihres glatten Schuppengewands, das vielfach glänzt wie feines Porzellan, werden die Skinke auch Glattechsen genannt. Sowohl der 20 cm lange **Apothekerskink** *(Scincus scincus)* mit seinen 7 bräunlichen oder bläulichen Querbändern als auch der ungefähr doppelt so große quergestreifte **Berberskink** *(Eumeces algeriensis)* stammen aus den wüstenartigen Trockengebieten Nordafrikas, was bei ihrer Haltung zu berücksichtigen ist. Beide wühlen sich mit ihrem walzenförmigen Körper gern in den weichen, warmen Sandboden ein und »schwimmen« in ihm umher wie ein Fisch im Wasser. Das trifft vor allem auf die Apothekerskinke zu, die übrigens ihren kuriosen Namen der Tatsache verdanken, daß sie einstmals zu einem angeblich potenzsteigernden Heilmittel verarbeitet wurden. Diese als »Sandfische« bezeichneten Echsen brauchen ein geheiztes, trockenes Terrarium mit großer Grundfläche, auf die eine dicke Schicht aus nicht zu feinem Sand aufgebracht wird. Ein paar dicke Steine ergänzen die Einrichtung; Pflanzen dienen allenfalls der Dekoration der Wände. Da die Wüsten- und Halbwüstentiere gewohnt sind, ihren Feuchtigkeitsbedarf mit ihrer saftigen tierischen Nahrung zu decken, trinken sie wenig. Deswegen

Warmer, weicher Sand ist das Lebenselement des Apothekerskinks, der sich mit seinem glatten, porzellanartig schimmernden Schuppenkleid blitzschnell in den Boden einwühlen kann. Deshalb nennt man ihn auch »Sandfisch«.

Der Berberskink ist eine kräftige und wehrhafte Echse, die fast einen halben Meter lang wird. Wenn er sich bedroht fühlt, reißt er das Maul auf und beißt womöglich herzhaft zu.

genügt es, die Steine regelmäßig zu besprühen, damit sie abgeleckt werden können.

Der Apothekerskink ist recht gesellig und kann mit seinesgleichen oder anderen gleich großen Echsen zusammen gehalten werden; den wehrhaften und zuweilen bissigen Berberskink sollte man wegen seiner erwiesenen Unverträglichkeit lieber einzeln oder höchstens paarweise pflegen.

Geckos

Die meisten verbleibenden Echsenfamilien können wir als »kaum terrariengeeignet« übergehen, auch die eigentlich so reizvollen Chamäleons (Chamaeleonidae), die kaum mehr erhältlich sind und allenfalls für fortgeschrittene Tierpfleger in Betracht kommen, weil sie ausgesprochen heikel und anspruchsvoll sind. So bleibt uns nur noch eine Familie, die der Geckos (Gekkonidae). Von den rund 670 Arten, die nahezu den gesamten Erdball besiedelt haben, haben viele Eingang in die Terrarien der Liebhaber gefunden, und einige gehören gewissermaßen zum terraristischen »Stammpersonal«.

Wohl jeder Mittelmeerurlauber und Ferntourist hat schon einmal Bekanntschaft mit einzelnen Geckoarten gemacht. Sie scheinen allgegenwärtig zu sein, flitzen halsbrecherisch auf Mauern, Felsen, Bäumen und Sandhügeln umher oder machen nachts an den Hotelzimmerwänden Jagd auf Insekten. Angst vor diesen umherhuschenden Nachtgespenstern ist völlig unbegründet: eher nötigen sie uns Bewunderung ab. Denn sie zählen zu den größten Kletterartisten im Tierreich. Mühelos bewegen sie sich an glatten Wänden und sogar an senkrechten Glasscheiben oder an waagerechten Zimmerdecken fort. Diese Fertigkeit verdanken sie ihren unverwechselbaren handähnlichen Spreizfüßchen, die mit Haftlamellen und mikroskopisch kleinen Hakenborsten versehen sind.

Deshalb hat man der Geckofamilie auch den deutschen Namen »Haftzeher« gegeben. Die Zehen »haften« allerdings nur auf glatten Flächen mit winzigen Unebenheiten, wie sie selbst normales Fensterglas aufweist. Auf einer absolut planen Unterlage findet freilich auch der geschickteste Gecko keinen Halt mehr, weil die Haftung nicht durch irgendeine klebende Substanz, wie man früher vermutete, sondern durch einen rasant ablaufenden mechanischen Miniaturvorgang bewirkt wird.

Die uns bekannteste Art ist der **Mauergecko** *(Tarentola mauritanica),* der in den europäischen Küstenregionen des Mittelmeers und in Nordafrika zu Hause ist. Für die Terrarienhaltung kann ich ihn nicht sehr empfehlen. Er ist nämlich sehr klein (ca. 12–14 cm) und recht unansehnlich dunkel gefärbt. Im Terrarium bekommt man ihn kaum richtig zu Gesicht, wenn er sich plattgedrückt an einen dunklen Ast anheftet, ohne sich zu regen. Daß sich die Mauergeckos tagsüber meist versteckt halten, liegt an ihrer »verdrehten« Lebensweise, die sie mit den allermeisten Geckoniden teilen: Sie sind dämmerungs- und nachtaktiv. Das heißt, daß sie erst am Abend munter

Oben: Der typische Geckofuß ist mit feinen Haftlamellen versehen. Unten: Der unauffällige kleine Mauergecko hält sich tagsüber meist versteckt.

Die beiden Tokehs demonstrieren, daß mit ihnen nicht zu spaßen ist. Mit ihrem großen Maul können sie sich schmerzhaft in einen Menschenfinger verbeißen, den sie dann so schnell nicht wieder loslassen.

werden. Im Schein der Infrarotlampe kann man sie dann auf Beutejagd gehen sehen. Spinnen, Fliegen und andere kleinere Insekten sind ihre Hauptnahrung. Anfassen sollte man die scheuen Tierchen so wenig wie möglich, denn das mögen sie gar nicht, und außerdem werfen sie vor Schreck ihren Schwanz ab, ehe man sich's versieht. Und ein schwanzloser kleiner Gecko ist ein betrüblicher Anblick!

Interessanter und »sehenswerter« ist da schon ein entfernter Verwandter des Mauergeckos, der **Tokeh** oder **Tokee** *(Gekko gecko)* aus Süd- und Südostasien. In seiner fernöstlichen Heimat ist er zum Kulturfolger geworden und hat sich folglich an die Nähe der Menschen gewöhnt, deren Häuser und Hütten er gezielt aufsucht, weil er dort Wärme, Versteckmöglichkeiten und reichlich wohlschmeckendes »Ungeziefer« vorfindet.

Einen Tokeh kann man auch in Ruhestellung nicht übersehen. Der kraftvolle Bursche wird immerhin etwa 30 cm lang, hat ein graues, mit bläulichen und rötlichen Tupfen hübsch verziertes warziges Schuppenkleid und auffallend große, runde Augen. Es sind typische leistungsfähige Nachttieraugen, mit denen in der Dämmerung und Dunkelheit die Beutetiere geortet werden.

Eine bei Reptilien höchst seltene Besonderheit zeichnet den Tokeh aus: Er kann laute Töne von sich geben. Wenn es in der Nacht plötzlich bellt, obwohl kein Hund im Hause ist, dann war es bestimmt der Tokeh, der über eine eindrucksvolle Stimme verfügt. Sie klingt ungefähr so, wie er heißt und wie man ihn deswegen benannt hat: »Too-kee«, was tatsächlich an das kläffende Gebell eines kleinen Hundes erinnert.

Noch etwas hat er mit manchen Hunden gemeinsam: Er ist bissig. Wenn er sich bedroht fühlt, reißt er das ohnehin große Maul weit auf, und wenn man ihn packen will, schnappt er zu und läßt den Finger, in den er sich verbissen hat, so schnell nicht wieder los. Der Biß ist zwar nicht gefährlich, aber recht schmerzhaft und hinterläßt eine blutende Wunde. Aus diesem Grund sollte man ihn vorsichtshalber nur mit Glacéhandschuhen anfassen (das ist ganz wörtlich gemeint).
Trotz allem ist der Tokeh ein dankbarer, ausdauernder Pflegling, der sich auch schon dem Anfänger empfiehlt. Er benötigt ein nicht zu kleines, möglichst hohes Terrarium mit Kletterbaum, stark strukturierten, schlupfwinkelreichen Wänden (Zierkork, Rindenstücke oder ähnliches) und robusten Pflanzen. Die nötige Wärme liefert ein Strahler, die nötige Feuchtigkeit eine Sprühflasche, zusätzlich eine stets gefüllte Wasserschale. Beköstigt wird der Tokeh ausschließlich mit kräftigem Lebendfutter (Nachtfalter, Heuschrecken, Grillen, Heimchen, vielleicht sogar nestjunge Mäuse). Falls man ein Pärchen besitzt und es reichlich und abwechslungsreich füttert, kann man ziemlich sicher mit Nachwuchs rechnen. Das Weibchen legt jeweils 2 Eier, die es an einem versteckten Plätzchen festklebt. Es dauert ein paar Monate, bis die Jungen schlüpfen, die dann in einem separaten kleinen Behälter aufgezogen werden, wo sie vor den rabiaten Eltern sicher sind.
Ein stattlicher und sehr ansehnlicher Terrariengast ist auch der **Leopardgecko** *(Eublepharis macularius)*, der manchmal auch **Panthergecko** genannt wird. Ob Leopard oder Panther – die Herkunft der Namen wird sofort

Wie die meisten seiner Verwandten wird auch der hübsch getüpfelte Leopardgecko erst in den Abendstunden richtig munter. Auf hohen, dünnen Beinen wandert er dann beutesuchend umher.

Man sieht es diesem jungen Leopardgecko nicht an, daß er sich später ein ganz anders gemustertes »Leoparden-gewand« zulegen wird.

klar, wenn man das Tier anschaut: Sein ganzer Körper, der eine Gesamtlänge von 20–30 cm erreicht, ist wie ein Raubkatzenfell dicht mit schwarzen Flecken übersät. Ungewöhnlich ist, daß die Jungtiere völlig anders aussehen. Sie tragen noch kein typisches Leopardenmuster, sondern ähneln eher hell-dunkel gebänderten Ringelsöckchen.

Die Heimat des Leopardgeckos sind die Felswüsten und kargen Graslandschaften von Iran bis Vorderindien, und deshalb fühlt er sich in einem geheizten »Wüstenterrarium« mit großer Bodenfläche und Steinaufbauten oder dicken Steinbrocken am wohlsten. Auf hohen, dünnen Beinen stelzt er vor allem am Abend und in der Nacht umher auf der Suche nach Insektenbeute. Am Tag versteckt er sich meist in Nischen oder kleinen Höhlen, wo es ein bißchen feucht ist. Wasser braucht er sonst kaum; die Sprühtropfen auf den Steinen genügen ihm vollkommen.

Leopardgeckos sind auch heute noch relativ häufig im Angebot, weil sie in Gefangenschaft in großer Zahl nachgezogen werden.

Die allermeisten Geckos sind, wie wir inzwischen wissen, dämmerungs- und nachtaktiv, was aus der Sicht des Terrarianers ein gewisser Nachteil ist, denn so kann er sich nur am Feierabend am munteren Treiben seiner Schützlinge erfreuen. Doch es gibt Ausnahmen. Damit meine ich die

zwei Dutzend Geckoarten, die nur auf Madagaskar und den umliegenden Inselgruppen vorkommen und durch ihre ungewöhnliche Schönheit ins Auge fallen. Sie werden oft als Phelsumen bezeichnet, weil sie allesamt der Gattung *Phelsuma* angehören. Doch sie tragen noch einen geläufigeren Namen, der uns sogleich verrät, daß sie tagaktiv sind: Taggeckos.

Einer der prächtigsten Vertreter der Gattung ist der 20–25 cm lange **Madagaskar-** oder **Madagassische Taggecko** *(Phelsuma madagascariensis),* der in mehreren, leicht voneinander abweichenden Unterarten auf der ganzen großen Insel und mehreren kleineren Inseln verbreitet ist, nicht nur in der freien Natur, sondern auch in den Behausungen der Menschen. »Die Geckos hat man überall als Hausgenossen«, schreibt Friedrich Schnack in seinem schönen Madagaskar-Buch. »In allen Räumen der Häuser sind die Geckos auf der Nahrungssuche, selbst die Kleider- und Speiseschränke durchhuschen sie, ungebetene Gäste vertilgend. Die im Freien lebenden Geckos bevorzugen als Aufenthaltsorte und Jagdreviere die Stengel und Blätter hoher Gewächse, Bananen, Aronstab und die Kannapflanze, das indische Blumenrohr, deren honigbergende Blüteneinrichtungen die Insekten anlocken.«

Dieser Bericht ist schon einige Jahrzehnte alt, und seither hat das einstige Tierparadies Madagaskar seine Unschuld verloren. Auch die immer noch massenhaft vorkommenden Taggeckos stehen heute unter Schutz. Der Import von Wildfängen unterliegt Beschränkungen, aber die

Der wunderschön gefärbte Madagaskar-Taggecko ist der größte Vertreter seiner Gattung auf der großen Insel, deren Namen er trägt.

Warum diese graziöse Phelsume Breitschwanzgecko heißt, ist unerfindlich. Den lateinischen Artnamen *laticauda* (breitschwänzig) erhielt sie wohl nur aus Versehen. Deshalb hat man ihr neuerdings den Namen Goldstaubphelsume gegeben, denn bei richtiger Beleuchtung wirkt sie wie mit Gold bestäubt.

Art wird hierzulande so häufig nachgezogen, daß man sie ohne allzu große Schwierigkeiten bekommen kann.

Charakteristisch für die Taggeckos sind die elegante Gestalt und die leuchtend grüne Grundfarbe, die wie Samt schimmert und durch rote Flecken und Streifen aufgelockert wird. Dieses aparte Schuppengewand ist eine Tarntracht, die die Echsen in der immergrünen Vegetation und insbesondere in den Blattwedeln der Kokospalmen den gierigen Blicken ihrer Freßfeinde entziehen soll. Daraus ergeben sich die Anforderungen, die unsere Taggeckos an ihre Unterkunft stellen: ein hohes Terrarium mit verzweigtem Kletterbaum, reichlicher Bepflanzung (z. B. Sansevierien, Philodendron, Epiphyten, notfalls auch gute Kunststoffimitationen), lockerem Bodengrund (Humuserde, eventuell mit Laubstreuauflage) und einem hellen Wärmestrahler, der den Tieren die Tropensonne ersetzen muß und hin und wieder für kurze Zeit durch UV-Bestrahlung ergänzt wird. Ein Trinkgefäß darf nicht fehlen, und außerdem wird die Inneneinrichtung täglich eingesprüht, da die Insassen gerne Wassertropfen auflecken. Taggeckos bevorzugen tierische Kost, doch auch süßes Obst (kleingeschnittene Bananen oder Orangen) wird genommen. Eine Schwäche haben sie offenbar für feine Marmelade und vor allem für Honig. Das trifft sich gut, denn diese Zusatzkost läßt sich leicht mit Vitamin- und Kalkpulver anreichern.

Den anmutigen Madagaskar-Taggeckos, die einen so sanften und freundlichen Eindruck machen, sieht man nicht an, daß sie sich gegenüber Artgenossen ziemlich rüpelhaft benehmen. Die Männchen, die man an ihrem größeren und kräftigeren Körperbau erkennt, sind revierbildend und befehden sich oft bis aufs Blut, was der Fachmann sachlich als Beschädigungskämpfe registriert. Aber auch zu den Damen sind sie wenig galant. Hauptsächlich kleine Weibchen haben unter den Schikanen der Machos zu leiden. Deswegen ist es ratsam, in einem normalen Terrarium immer nur ein Männchen zu halten und ihm eine Partnerin beizugeben, die ihm körperlich einigermaßen gewachsen ist. Dann darf man sogar auf Nachwuchs hoffen.

Auch wenn ich hier den Madagaskar-Taggecko besonders herausgestellt habe, so bedeutet das nicht, daß man sich unbedingt auf ihn versteifen sollte. Die übrigen Phelsumenarten, die gelegentlich aus Liebhabernachzuchten angeboten werden, sind ähnlich attraktiv und ähnlich zu pflegen. Als kleine Orientierungshilfe seien wenigstens vier dieser exotischen Kostbarkeiten, die als Terrarientiere eine gewisse Tradition haben und die der Kenner sich trotz des hohen Preises nicht so schnell entgehen läßt, beim Namen genannt: **Seychellen- oder Aldabra-Taggecko** *(Phelsuma abbotti)*, **Breitschwanzgecko** *(Ph. laticauda)*, **Streifentaggecko** *(Ph. lineata)* und **Pfauenaugen-Taggecko** *(Ph. quadriocellata)*.

Oben: Der Streifentaggecko mißt nur etwa 10 cm. Unten: Der Pfauenaugen-Taggecko hat seinen Namen von dem schwarzen Fleck an der Seite.

Schlangen

Die Logik des zoologischen Systems bringt es mit sich, daß die Schlangen sich unmittelbar an die Echsen anschließen. Sie bilden nämlich, wie bereits erwähnt, die zweite Unterordnung (Serpentes) der Ordnung Schuppenkriechtiere (Squamata). Die nahe Verwandtschaft der beiden Unterordnungen liegt auf der Hand. Die augenfälligste Gemeinsamkeit ist die kleinteilige Beschuppung des ganzen Körpers. Oberflächlich betrachtet, könnte man die Schlangen als in die Länge gezogene Echsen ansehen, die ihre Gliedmaßen eingebüßt haben und sich darum nur »schlängelnd« oder kriechend fortbewegen können.

Es gibt sogar scheinbare Übergangsformen zwischen den beiden Reptiliengruppen. Musterbeispiele dafür sind die beinlosen Schleichen und die ähnlichen Doppelschleichen (bei denen man auf den ersten Blick nicht weiß, wo vorne und hinten ist). Aus dem Biologieunterricht kennen wir alle den lehrreichen Sonderfall der heimischen Blindschleiche, die wie eine richtige Schlange aussieht, aber eindeutig eine Echse mit stark verkümmerten Extremitäten ist. Ein Unterscheidungsmerkmal, das freilich kaum auffällt, besteht darin, daß die Blindschleichen wie alle Echsen bewegliche Augenlider besitzen, Schlangen aber nicht; daher der sprichwörtliche starre Schlangenblick. Weitere wichtige Abweichungen, die den Zoologen die Unterscheidung erleichtern, sind anatomisch bedingt und verbergen sich im Innern des Schlangenleibs. Ein besonderes Kennzeichen der Schlangen ist die lockere Verbindung der Schädelknochen, die ihnen das »Ausklinken« des Unterkiefers und somit das Verschlin-

Diese nordamerikanische Erdnatter ist, wie alle Mitglieder der Familie Colubridae (Nattern), ungiftig und somit für den Menschen ungefährlich. Nattern können jedoch unverhofft zuschnappen, wenn sie unnötig gereizt werden. Der Biß ist zwar etwas schmerzhaft, hat aber sonst keine schlimmen Folgen.

gen kompletter großer Beutetiere ermöglicht, ein weiteres die Tatsache, daß bei den Schlangen der Körper stets länger ist als der Schwanz, der außerdem niemals abgeworfen und neugebildet werden kann.

Die Einstellung des Menschen zu den Schlangen ist höchst zwiespältig. Einerseits müssen wir, wenn wir objektiv sind, zugeben, daß fast alle Schlangen bildschön sind. Andererseits fällt es uns auch in unseren aufgeklärten Zeiten immer noch sehr schwer, einen uralten Aberglauben über Bord zu werfen. Denn seit der biblischen Schlange, die Eva den verhängnisvollen Apfel reichte, der die Vertreibung aus dem Paradies zur Folge hatte, genießen diese Tiere im christlichen Abendland als Inbegriff der Falschheit und Heimtücke einen miserablen Ruf. In der Antike und in exotischen Kulturen hingegen wurden und werden Schlangen häufig als Glücks- und Heilsbringer, als Schutzgeister und Fruchtbarkeitssymbole kultisch verehrt. Denken wir nur an das aus dem Altertum überlieferte Wahrzeichen der Heilkunst, den Äskulapstab, dargestellt durch einen Stock, um den sich anmutig eine züngelnde Äskulapnatter windet. Mit anderen Worten: Die Verteufelung der Schlangen beruht offensichtlich auf einem einseitigen Vorurteil und sollte durch eine sachlichere, ja wohlwollendere Betrachtung überwunden werden.

Für den Terrarienfreund macht es jedenfalls kaum einen Unterschied, ob er in seiner Wohnung »reizende« Echsen oder »böse« Schlangen pflegt. Die Biotope, Lebensweisen und Haltungsansprüche beider Reptiliengruppen sind weitgehend gleich – mit einer kleinen, aber bedeutsamen Einschränkung: Während es unter den Echsen keine Gifttiere gibt, wenn man von den 2 Arten der amerikanischen Krustenechsen einmal absieht, sind giftige Schlangen für jedermann ein Begriff – und eine berechtigte Horrorvorstellung. Doch nach Schätzung der Experten verfügen höchstens etwa 20 Prozent der rund 3000 weltweit verbreiteten Schlangenarten über gefährliche Giftzähne. Der Schlangenfreund kann also getrost auf den prickelnden Sensationseffekt verzichten, in seinem trauten Heim Giftschlangen zu halten.

Ähnliches gilt für die Riesenschlangen (Familie Boidae), von denen etliche Arten durch ihre schiere Umschlingungskraft einen Menschen erwürgen können. Für den Freizeitterrarianer, zumal den Anfänger, scheiden solche Riesentiere von vornherein aus. Er sollte sich auch durch gelegentlich angebotene Python- oder Boababys nicht zum Kauf verführen lassen und bedenken, daß die niedlichen Kleinen im Lauf der Jahre mehrere Meter lang und viele Kilo schwer werden können. Riesenschlangen in Menschenobhut bleiben zwar recht zutraulich und werden dem Halter kaum jemals gefährlich, aber sie brauchen mehr Platz und größeres Lebendfutter, als der Normalbürger ihnen zu bieten vermag.

Fazit: Auch ohne Gift- und Riesenschlangen ist die Auswahl noch groß genug – zumindest theoretisch. In der Praxis sieht es allerdings anders aus. Obwohl viele (außereuropäische) Arten nach wie vor frei gehan-

Schlangen verschlingen ihre Beute »am Stück«. Diese europäische Leopardnatter (*Elaphe situla*) hat mit ihren erstaunlich dehnbaren Kiefern eine junge Maus gepackt, die gleich durch den Schlund zum Magen wandern wird.

delt werden dürfen, beziehungsweise in großer Zahl nachgezogen werden, ist das Angebot in den Zoogeschäften ziemlich bescheiden. Das liegt wohl nicht zuletzt daran, daß Schlangen nicht so recht »gehen«, weil unsere Voreingenommenheit noch immer größer ist als unsere naturwissenschaftlich fundierte bessere Einsicht.

Vielleicht kann ich ein wenig zur Ehrenrettung der Schlangen beitragen, wenn ich wenigstens eine Handvoll Arten vorstelle, deren Pflege selbst für den noch relativ unerfahrenen Terrarianer ziemlich unproblematisch ist. Auf eines muß er sich jedoch gefaßt machen: Alle Schlangen ernähren sich von animalischer Kost, und die bevorzugte Schlangennahrung sind kleine Säugetiere, in Gefangenschaft vor allem junge bis ausgewachsene Mäuse. Futtermäuse kann man kaufen oder selber leicht in ausreichenden Mengen züchten. Wer sich darauf aus verständlichen Gründen nicht einlassen möchte, sollte lieber die Finger von der Schlangenhaltung lassen.

Kletternattern

Die meisten terrarientauglichen Schlangen stammen aus der Familie der Nattern (Colubridae), die rund 2000 Arten umfaßt und damit die weitaus größte Schlangenfamilie ist. Bei dem Wort »Natter« läuft manchem Leser womöglich ein Schauer über den Rücken, weil es so negativ besetzt und zu einem argen Schimpfwort verkommen ist. Man assoziiert damit Giftigkeit und Verschlagenheit und denkt unweigerlich an das »Natterngezücht« der notorisch schlangenfeindlichen Bibel. Doch keine Angst: Alle eigentlichen Nattern sind harmlos und haben durchweg ein »handliches« Format. Giftig sind nur die bewußt so genannten Giftnattern, die jedoch einer anderen Familie (Elapidae) angehören.

Eine terraristisch ergiebige Natterngruppe ist die Gattung *Elaphe*, zu deutsch Kletternattern. (Der wissenschaftliche Gattungsname darf uns nicht irritieren, denn trotz des starken Anklangs an Elapidae haben wir es hier mit Vertretern der sympathischen Familie Colubridae zu tun.)

Kletternattern sind, wie schon der Name sagt, kletterfreudige Tiere, die sich am liebsten im Geäst von Bäumen und Sträuchern oder auch in menschlichen Behausungen aufhalten. Dementsprechend muß auch ihre Unterkunft beschaffen sein: ein geräumiges, luftiges Kastenterrarium im Hochformat, ausgestattet mit einem kräftigen Kletterbaum oder -ast und Versteckmöglichkeiten (z.B. röhrenförmige Zierkorkstücke). Eine Bepflanzung ist nicht lebensnotwendig, macht sich aber gut. Dem Bodenbelag schenken die Insassen, die sich ihren Stammplatz in höheren Regionen suchen, kaum Beachtung; ein Gemisch aus Erde und Sand oder Torfmull genügt ihnen vollauf. Eine stets mit frischem, handwarmem Wasser gefüllte größere Schale, die zum Trinken und Baden aufgesucht wird, darf auf keinen Fall fehlen. Da Schlangen gern beim Baden Kot absetzen, muß das Wasser oft ausgetauscht werden. Steht das Terrarium in der Wohnung an einem hellen, sonnigen Platz, erübrigt sich eine Heizung, sonst reicht eine Lampe, die zugleich Licht und Wärme spendet. Der Strahler bleibt den ganzen Tag über eingeschaltet und wird abends abgestellt, wenn auch das Licht im Zimmer vor dem Schlafengehen gelöscht wird. Nachts darf und sollte die Temperatur im Terrarium um mehrere Grad absinken.

Am häufigsten kommt wohl die elegante, farbenprächtige **Kornnatter** *(Elaphe guttata)* in den Handel. Sie wird im Schnitt etwa 1 m lang, im Freileben oft ein gutes Stück länger. Die Heimat der Kornnatter ist der Südosten Nordamerikas, doch die meisten Terrarientiere stammen aus hiesigen Zuchten. Die Art wird so zahlreich nachgezogen, daß inzwischen schon verschiedene Zuchtformen mit unterschiedlicher Körperfärbung entstanden sind. Im Naturzustand trägt sie ein herrlich buntes Schuppenkleid: Auf der blaß rötlichen Grundfarbe sind ziemlich gleichmäßig dunkel gesäumte bräunliche bis ziegelrote Flecken angeordnet. Auch die Flanken sind gefleckt, desgleichen die helle Unterseite.

Die Zucht der anspruchslosen und verträglichen Kornnattern gelingt sogar dem Anfänger, sofern er ein Paar pflegt. Vor der Hochzeit, die im Frühling stattfindet, sollte man den Tieren eine mehrwöchige Winterruhe bei niedrigeren Temperaturen (etwa 10–15 °C) gönnen; das Terrarium kann während dieser Zeit in einem schwach geheizten Raum untergebracht werden. Außerdem sollten die Tiere Gelegenheit haben, sich vor der Paarung zu häuten. Die Häutung kündigt sich meist dadurch an, daß die Schlangen schon am frühen Morgen im Wasserbecken liegen.

Das Weibchen legt im Spätfrühling oder Frühsommer ein bis zwei Dutzend Eier ab, bevorzugt in einem flachen Behälter (Glas oder Plastikdose), den man der suchend umherkriechenden trächtigen Schlange in das Terrarium stellt. Wenn alles gut geht, schlüpfen die Jungen nach etwa 2 Monaten. Bei der Geburt messen sie bereits über 20 cm.

Ähnlich zu pflegen (und zu züchten) sind auch die nordamerikanischen

Die Kornnatter zählt zu den attraktivsten und zugleich anspruchslosesten Schlangenarten. Sie wird so häufig gepflegt und nachgezogen, daß sich bereits verschiedene Zuchtformen entwickelt haben.

Oben: Die Erdnatter ist trotz ihres Namens recht kletterfreudig. Unten: Für die private Haltung scheidet die Äskulapnatter, das uralte Symbol der Heilkunst, aus.

Verwandten der Kornnatter. Stellvertretend für die verschiedenen Arten nenne ich nur die undeutlich schwarz-hell geringelte **Erdnatter** *(Elaphe obsoleta),* die man zuweilen auch **Bergnatter** nennt. Sie wird allerdings erheblich länger (über 2 m), was bei den Terrarienmaßen zu berücksichtigen ist. (Die Längenangabe wirkt womöglich abschreckend, aber grundsätzlich sei hier angemerkt, daß nahezu alle Schlangen wegen ihres »faulen« Lebensstils relativ bescheiden Anforderungen an die Größe ihres Terrariums stellen.) Trotz ihres volkstümlichen Namens ist die Erdnatter ein ausgesprochenes Klettertier, das einen starken Baum oder Ast mit derber Rinde braucht. Sie rollt sich mit Vorliebe in luftiger Höhe zusammen und läßt sich die Sonne oder den Strahler auf den Rücken scheinen.

Kletternattern leben nicht nur in der Neuen, sondern auch in der Alten Welt, einige sogar in Europa. Die bekannteste europäische Art ist die bereits genannte **Äskulapnatter** *(Elaphe longissima),* die in Mittel- und Südeuropa zu Hause ist, auch noch in ein paar inselartigen Rückzugsgebieten innerhalb Deutschlands, wo die dem Heilgott Äskulap oder Asklepios geweihte Schlange vermutlich einst von den Römern eingebürgert wurde. In älteren Terrarienbüchern und sogar in »Grzimeks Tierleben« von 1975–77 wird sie noch ganz selbstverständlich als interessanter Pflegling behandelt. Damit ist es heute endgültig vorbei. Die Äskulapnatter ist für uns absolut tabu, denn sie steht nicht nur unter dem generellen Schutz, den alle europäischen Reptilien genießen, sondern ist auch unmittelbar vom Aussterben bedroht. Ich erwähne sie hier nur deshalb, um von dem Erwerb dieser Art abzuraten. Weiter östlich, im riesigen asiatischen Raum, sind dagegen zahlreiche Kletternattern beheimatet, deren Bestände alles andere als gefährdet sind und die somit ohne weiteres gehandelt und gehalten werden dürfen. In ihren Pflegeansprüchen unterscheiden sie sich kaum von ihren nordamerikanischen Verwandten. So kann ich mich mit Kurzinformationen zu zwei repräsentativen und beliebten Arten begnügen. In Südostasien ist die **Streifennatter** *(Elaphe taeniura)* in mehreren prachtvoll gezeichneten Unterarten sehr weit verbreitet. Trotz ihrer Größe (bis über 2 m) ist sie auch schon dem Anfänger zu empfehlen, dem unter Umständen sogar die Nachzucht gelingt. Etwas heikler ist erfahrungsgemäß die ungefähr in derselben Großregion heimische und etwa gleich lange **Spitzkopfnatter** *(Elaphe oxycephala),* deren Hauptmerkmal weniger der namengebende Spitzkopf als vielmehr das leuchtend grün gefärbte Schuppenkleid ist – eine Zierde für jedes Terrarium.

Hin und wieder tauchen bei uns noch andere Vertreter der Gattung *Elaphe* auf. Wer einmal Geschmack an der Schlangenhaltung gefunden hat, kann hier ohne große Bedenken – und nach fachkundiger Beratung durch den Züchter oder Händler – zugreifen. Der Name *Elaphe* ist gewissermaßen ein Gütesiegel, das uns die Gewähr bietet, daß wir es mit durchweg pflegeleichten, garantiert ungiftigen und vergleichsweise friedlichen Tieren zu tun haben.

Allgemein gesprochen: Bedingungslos friedlich sind die wenigsten Schlangenarten. Selbst solche, die kein Gift verspritzen, beißen manchmal unverhofft zu, wenn sie gereizt oder in ihrer Ruhe gestört werden. Und ein solcher Biß kann bei größeren Schlangen recht schmerzhaft sein, auch wenn er sonst keine schlimmen Folgen hat. Deswegen sei jedem Schlangenliebhaber angeraten, mit seinen Schützlingen behutsam umzugehen, sie möglichst wenig anzufassen und bei den unerläßlichen Hantierungen im Terrarium alle heftigen und hektischen Bewegungen zu vermeiden, die die Insassen als Bedrohung für Leib und Leben mißverstehen könnten. Vor allem ein rascher Zugriff von oben kann als

Oben: Dies ist eine der verschiedenen Unterarten der Streifennatter, die aus Südostasien zu uns kommt. Sie ist leicht zu pflegen, kann aber sehr groß werden.
Unten: Mit ihrem leuchtend grünen Schuppenkleid ist die asiatische Spitzkopfnatter ein Blickfang in jedem Terrarium.

Die Strumpfbandnatter mit ihren aparten bunten Längsstreifen empfiehlt sich schon dem Anfänger, weil sie mit 80 cm klein bleibt und verhältnismäßig leicht zu ernähren ist.

Greifvogelattacke empfunden werden, auf den viele Schlangen mit Panik oder einem angeborenen Abwehrverhalten reagieren. Da hilft auch liebevolles und besänftigendes Zureden nicht, das bei anderen Heimtieren die Schreckreaktion abzumildern vermag. Alle Schlangen sind nämlich taub und müssen deshalb besonders auf der Hut sein, zumal es mit ihrem Sehvermögen auch nicht weit her ist.

Strumpfbandnattern

Neben den verschiedenen *Elaphe*-Arten kommen noch einige andere Nattern aus der Familie Colubridae für die Terrarienhaltung in Betracht. An erster Stelle sind die Strumpfbandnattern der Gattung *Thamnophis* zu nennen, die in vielen Arten und noch mehr Unterarten die Neue Welt vom Süden Kanadas bis zum Norden Mexikos besiedeln. Sie gelten als die häufigsten Nattern der USA, sind also keineswegs gefährdet. Eine Art, die als Terrarientier eine lange Tradition hat und häufig nachgezogen wird, ist die **Gewöhnliche Strumpfbandnatter** *(Thamnophis sirtalis).* Das Adjektiv »Gewöhnliche« wird in Liebhaberkreisen meist weggelassen; jeder Kenner weiß, daß mit Strumpfbandnatter ebendiese beliebte Art gemeint ist. Sie hat mehrere Vorzüge, die gerade der Anfänger zu schätzen weiß: Sie bleibt klein (bis etwa 80 cm), ist auffallend schlank und elegant gebaut, wirkt mit den 3 hellen Längsstreifen auf dunklem

Grund sehr graziös und ist obendrein leichter zu ernähren als die meisten anderen Schlangen. Sie verspeist in freier Wildbahn zwar mit Vorliebe kleine Echsen, Frösche und Fische, die wir ihr schon aus Gründen des Artenschutzes nicht anbieten können, aber sie läßt sich mit etwas Geduld auf Regenwürmer, Nacktschnecken und kleingeschnittenes Rind- und Fischfleisch umstellen.

Strumpfbandnattern sind semiaquatische, also halb im Wasser lebende Bodenbewohner mit geringem Kletterbedürfnis. Das heißt, sie brauchen ein Terrarium mit einem größeren Wasserbecken und einer nicht zu kleinen Grundfläche. Man kann ihnen auch ein richtiges Aquaterrarium mit Land- und Wasserteil einrichten. Eine gewisse Feuchtigkeit ist auf jeden Fall unerläßlich. Dazu genügt jedoch auch tägliches Besprühen. Als Bodenbelag eignet sich ein lockeres Gemisch aus Erde, Torfmull und Sand. Ein knorriges Aststück, dicke Steinbrocken, Moospolster und ein paar robuste, möglichst buschige Topfpflanzen sind den Tieren sehr willkommen, weil sie gern in halber Höhe der Ruhe pflegen. Da sie aus den gemäßigten Breiten Nordamerikas stammen, wo ein ähnliches Klima herrscht wie bei uns, ist eine zusätzliche Heizung nicht erforderlich, sofern das Terrarium an einem warmen, sonnigen Platz – im Sommer auch draußen – aufgestellt wird. Eine Lichtquelle (Leuchtstoffröhre) sollte jedoch nicht fehlen, schon allein deshalb, damit die bezaubernde Anmut der Insassen besser zur Geltung kommt. In der kalten Jahreszeit sollte man ihnen Gelegenheit geben, eine mehrwöchige Winterruhe bei abgesenkten Temperaturen einzulegen. Nach der Winterpause und der anschließenden Häutung schreiten die Schlangen zur Fortpflanzung, wenn die äußeren Bedingungen stimmen. Das Weibchen legt keine Eier, sondern bringt etwa 4 Monate nach der erfolgreichen Paarung lebende Junge zur Welt, bis zu 80 auf einen Schlag!

Königsnattern

Strumpfbandnattern sind schön, aber schöner noch sind die Königsnattern (Gattung *Lampropeltis*), die ebenfalls in Nord- und Mittelamerika zu Hause sind. Sie sind allesamt sehr lebhaft gezeichnet und gefärbt, und das Farbenspektrum ist nicht nur von Art zu Art und von Unterart zu Unterart, sondern auch individuell so variabel, daß selbst der Fachmann ins Staunen gerät – und sich mit der korrekten Bestimmung ziemlich schwertut. Die fein geschuppten Schönheiten werden im Schnitt ungefähr 1 m lang, eignen sich also durchaus für das Liebhaberterrarium, das nicht allzu groß sein muß und mit einem strukturierten, versteckreichen Untergrund ausgestattet sein sollte. Zur Einrichtung gehören ferner eine Wasserschale, eine (schwache) Bodenheizung und eine Leuchtstoffröhre, die den ganzen Tag über brennt.

Königsnattern sind Kostbarkeiten und als solche nicht gerade billig zu haben. Aber wer kann schon der Farbenpracht einer **Kettennatter** *(Lampropeltis getulus)* oder einer **Roten Königsnatter** *(Lampropeltis triangu-*

Die amerikanische Kettennatter ist sehr auffällig, aber auch sehr variabel gefärbt, so daß die exakte Bestimmung nicht einfach ist. Das kommt daher, daß sie in vielen Unterarten und sogar in abweichenden Zuchtformen auftritt.

Die Rote Königsnatter ist zweifellos eine der schönsten Schlangen der Welt. Wie die ihr sehr nahestehende Kettennatter hat sie zahlreiche Unterarten ausgebildet, die sich in Körperlänge und Körperzeichnung oft erheblich voneinander unterscheiden.

lum) widerstehen? Die erstere hat ihren Namen von dem zierlichen Kettenmuster, das den ganzen schwärzlichen Leib überzieht, doch in den verschiedenen Unterarten trifft man auch längsgestreifte und kontrastreich geringelte Formen an. Die Rote Königsnatter ist in der Regel noch prächtiger gefärbt. In der schönsten Ausführung ist die scharlachrot glänzende Grundfarbe in regelmäßigen Abständen von schwarzgesäumten gelblichen Querbändern durchbrochen. Dieses grelle Zeichnungsmuster ähnelt verblüffend dem der giftigen nordamerikanischen Korallenschlange, weshalb die harmlose, allenfalls etwas beißlustige Rote Königsnatter zuweilen auch als »Falsche Korallenschlange« bezeichnet wird. Andererseits wird sie von den Amerikanern vielfach mit dem neckischen Namen »Milk snake« (Milchschlange) bedacht, weil man ihr irrtümlicherweise nachsagte, sie sauge nachts heimlich Milch aus den Eutern der Kühe. Schön wär's, wenn es so wäre, denn dann könnten wir es uns mit der Ernährung leichtmachen. In Wirklichkeit machen alle Königsnattern, die vorwiegend dämmerungs- und nachtaktiv sind, Jagd auf allerlei Kleinsäuger sowie auf Echsen und sogar Schlangen. Da Kannibalismus nicht auszuschließen ist, sollte man jeweils nur ein Pärchen oder allenfalls gleich große Artgenossen zusammen pflegen. Und was die Ernährung angeht, müssen wir auch hier wieder auf die unvermeidlichen Futtermäuse zurückgreifen. Im übrigen ist die Haltung dieser Prachttiere recht unproblematisch.

Schildkröten

Wie Schildkröten aussehen, weiß jedes Kind. Durch ihr unverwechselbares Erscheinungsbild heben sie sich deutlich von allen anderen Gruppen des Tierreichs ab. Ihr Körperbau ist, schematisch vereinfacht, rasch beschrieben: Der Rückenpanzer (Carapax) bildet zusammen mit dem durch eine sogenannte Brücke verbundenen Bauchpanzer (Plastron) ein länglich-ovales Gehäuse, aus dem der bewegliche Hals, vier plumpe Beine und ein spitzer Schwanz herausragen. Auf uns wirkt ein solches Geschöpf urtümlich, friedfertig, behäbig und gemütlich – Eigenschaftswörter, die auf die meisten Schildkröten uneingeschränkt zutreffen. Selbst Menschen, die sich vor Schlangen fürchten und flinke Echsen als unheimlich empfinden, haben vor Schildkröten keine Angst und können sie ohne weiteres anfassen und mit gespreizter Hand hochheben, um sie von allen Seiten wohlwollend zu betrachten – was übrigens den Panzertieren weniger gefällt als uns Menschen, denn sie sind sensibler und schmerzempfindlicher, als man gemeinhin meint.

Vernünftigerweise müßte man die Tiere wegen ihres schweren Panzers und ihrer echsenartigen Körperformen eigentlich »Panzerechsen« nennen, aber dieser Name ist schon an die Krokodile vergeben. Außerdem hat sich die aus dem Mittelhochdeutschen stammende Bezeichnung »Schildkröte« so fest eingebürgert, daß sie uns wohl auf immer erhalten bleibt, obwohl sie auf einem Irrtum

Die in Europa vorkommenden Schildkröten sind streng geschützt und kommen nur noch als Nachzuchten in den Handel. Daß die Liebhaberzucht sehr ergiebig sein kann, zeigt diese muntere Nachwuchsschar der Griechischen Landschildkröte.

beruht. Denn was die Menschen im Mittelalter noch nicht wußten, gehört inzwischen zum Allgemeinwissen: Mit den »Kröten«, die bekanntlich Amphibien oder Lurche sind, haben die Schildkröten nicht das geringste zu tun. Sie stellen vielmehr eine sehr gut abgegrenzte Ordnung (Testudines oder Chelonia) innerhalb der Klasse der Reptilien dar, und zwar die stammesgeschichtlich älteste. Über viele Jahrmillionen haben sie sich in allen wärmeren Weltteilen erfolgreich behauptet, sowohl zu Lande als auch im Süß- und Salzwasser. Das spricht für die enorme Vitalität und »Lebenszähigkeit« dieser schwerfälligen und im allgemeinen unaggressiv-wehrlosen Tiere. Schildkröten können Fastenzeiten und Verletzungen, ja Verstümmelungen in einem oft schier unglaublichen Maße ertragen. Dies verleitet so manchen Schildkrötenpfleger zu der irrigen Annahme, die phlegmatischen Tiere nähmen Haltungsfehler überhaupt nicht übel. In Wahrheit führen sie in menschlicher Obhut vielfach ein »Leben zum Tode« und siechen langsam dahin, ohne daß man ihnen ihr stummes Siechtum ansieht. Am ehesten merkt man an einer fortschreitenden Panzererweichung oder an chronischer Apathie, daß etwas nicht stimmt. Ursachen sind Mangel an Sonnenlicht oder künstlicher UV-Strahlung, unsaubere oder

zu kalte Haltungsbedingungen und insbesondere Kalk- und Vitaminmangel. Bei den ersten Anzeichen einer Mangelerscheinung müssen die Ursachen abgestellt werden: mehr Sonne, mehr Wärme und regelmäßige Kalk- und Vitamingaben im Futter. Wer seine Schildkröten artgerecht pflegt, hat viele Jahre lang Freude an seinen Schützlingen, die in unseren hektischen Zeitläuften so viel Ruhe und selbstgenügsame Gelassenheit ausstrahlen.

Die Ordnung Schildkröten umfaßt insgesamt nur etwa 220 Arten und setzt sich aus zwei ungleich großen Unterordnungen zusammen: viele Halsberger (Cryptodira) und relativ wenige Halswender (Pleurodira). Diese Unterscheidung mutet kurios an und ist für den Laien kaum nachvollziehbar: Die Halsberger können ihren Hals und Kopf vollständig in die vordere Panzeröffnung einziehen, die Halswender legen den Hals seitlich unter die Kante des Rückenpanzers an. Beide Typen können in der Regel auch die Gliedmaßen und den Schwanz unter den Panzer zurückziehen, was ihren empfindlichen »Weichteilen« zusätzlichen Schutz vor Feinden bietet.

Der zoologische Laie, auch der Terrarianer, findet eine andere Unterteilung sehr viel einleuchtender, obwohl sie von der wissenschaftlichen Systematik so nicht gedeckt wird. Er unterscheidet einfach Land- und Wasserschildkröten und schiebt dazwischen vielleicht noch die Gruppe der Sumpfschildkröten ein. Nach einer ähnlichen Gliederung wollen auch wir verfahren.

Die Griechische Landschildkröte, einst ein billiger »Massenartikel« des Zoohandels, ist heute eine ebenso kostbare wie kostspielige Rarität. So bekommt sie hoffentlich immer die richtige Pflege, damit sie gesund ein hohes Alter und ihre Maximalgröße von 30 cm erreichen kann.

Landschildkröten

Fangen wir also mit den Landschildkröten an, die einst zu den beliebtesten und vermeintlich pflegeleichtesten Heimtieren gehörten. Angeblich waren sie ideale lebende Spielzeuge für die Kinder, die bei diesen robusten Panzertieren, so meinte man, nichts falsch machen konnten. Erfreulicherweise hat sich in den vergangenen Jahren sowohl die leichte Verfügbarkeit der Schildkröten als auch die Einstellung zu ihnen geändert.

Die gängigsten und »billigsten« Arten waren die **Griechische Landschildkröte** *(Testudo hermanni)* und die **Maurische Landschildkröte** *(Testudo graeca)*. Wer die Anfangsgründe der lateinischen Sprache beherrscht, hat wahrscheinlich bei den wissenschaftlichen Namen gestutzt: *graeca* bedeutet doch »griechische« und müßte folglich die erstgenannte Art bezeichnen. Das ist richtig, aber trotzdem liegt hier keine Verwechslung vor,

Eine Maurische Landschildkröte zeigt uns ihr Hinterteil. An dem ungeteilten Randschild über dem Schwanz erkennt man ihre Artzugehörigkeit. Bei der sonst sehr ähnlichen Griechischen Landschildkröte ist dieser Schild in der Mitte geteilt.

höchstens ein kleines Mißverständnis. Carl von Linné beschrieb 1758 die Art *Testudo graeca* und nannte sie so, weil er sie vermutlich nur aus Griechenland kannte. Sie kommt zwar dort vor, bewohnt aber auch noch andere Gegenden in Südeuropa und vor allem ein riesiges Gebiet von Nordafrika bis Vorderasien. Dewegen erhielt sie mit einigem Recht den deutschen Namen Maurische Landschildkröte. Als 1789 dann die tatsächlich vorwiegend in Griechenland (aber auch anderswo in Südeuropa) verbreitete Griechische Landschildkröte benannt wurde, war das Adjektiv *graeca* schon besetzt, und man mußte einen anderen Artnamen wählen. Einmal etablierte wissenschaftliche Namen haben stets Vorrang und dürfen nicht mehr verändert werden, selbst wenn sie sich später als irreführend erweisen – so streng sind die internationalen Nomenklaturregeln.

Die für uns wichtigste Erkenntnis aus diesem geographischen Durcheinander: Beide Arten sind, zumindest großenteils, in Europa zu Hause, und die europäischen Populationen sind streng geschützt, wie wir wissen. In der Bundesartenschutzverordnung werden sie überdies als vom Aussterben bedroht eingestuft. Massenimporte, die früher gang und gäbe waren und zu einer Bestandsgefährdung geführt haben, gehören endgültig der Vergangenheit an. Heute kommen Griechische und Maurische Landschildkröten nur noch sporadisch aus Nachzuchten und mit einem CITES-Zertifikat in den Handel, und zwar zu stattlichen Liebhaberpreisen.

Beide Arten sind eng miteinander verwandt und fast zum Verwechseln ähnlich (die Griechische erkennt man am einfachsten am geteilten Randschild des Rückenpanzers unmittelbar über dem Schwanz): Sie werden etwa 20–30 cm lang, sind absolut harmlos, ernähren sich fast ausschließlich vegetarisch (Salat, Gemüse, Klee, Löwenzahn, Beeren, kleingeschnittenes Obst usw., gelegentlich eine kleine Fleischbeigabe, dazu stets frisches Trinkwasser) und werden rasch zutraulich.

Was ich im folgenden über die Haltung zu sagen habe, gilt nicht nur für die beiden genannten Arten, sondern allgemein für Landschildkröten (Familie Testudinidae), die vereinzelt und wohl eher nach dem Zufallsprinzip angeboten werden:

Alle Landschildkröten sind Sonnenkinder. In den Sommermonaten fühlen sie sich in einem Freilandterrarium besonders wohl, das wir aus Ziegeln oder Steinplatten und Zement im Garten selber bauen können. Sehr praktisch als schlichte Alternative ist auch ein viereckiges Lattengestell, das an den Schmalseiten mit Drahtgeflecht bespannt wird, oder eine flache Holzkiste ohne Deckel und Boden. Ein solcher »Laufstall«, ausgestattet mit einer Wasserschale und einem überdachten Unterschlupf als Schutz vor Regen und allzu starker Sonneneinstrahlung, läßt sich in bestimmten Zeitabständen auf dem Rasen verschieben, so daß die Schildkröten immer einen frischen Weidegrund vorfinden und bis zu einem gewissen Grad zu Selbstversorgern werden. Die Seitenflächen müssen ausreichend hoch sein, da die scheinbar plumpen Panzertiere sonst darüber hinwegklettern, und die Unterkante muß fest aufliegen oder ein wenig in die Erde versenkt werden, damit sich die Insassen nicht darunter hindurchwühlen können. Schildkröten sind sehr erfinderisch und hartnäckig, wenn sie einen Fluchtversuch planen. Ich habe mehr als einmal erlebt, daß sie wie gewiefte Ausbrecher übereinander steigen und so selbst hohe »Gefängnismauern« überwinden.

In der kalten Jahreszeit hält man die Tiere in einem Zimmerterrarium, notfalls in einer simplen Kiste mit möglichst großer Bodenfläche und mit einem Belag aus Kies und flachen Feldsteinen oder Astknorren. Wenn der Behälter im warmen Zimmer steht, genügt im allgemeinen eine Lampe, zeitweise ergänzt durch einen UV-Strahler, als Licht- und Wärmequelle. Merke: Je wärmer die Heimatregion der Tiere, desto mehr Wärme brauchen sie in Gefangenschaft.

Schildkröten aus mäßigwarmen Breiten, wie etwa die Griechische und Maurische Landschildkröte, sollten in den kältesten Monaten des Jahres eine echte Überwinterungsphase einlegen. Das Stichwort **Überwinterung** erfordert einen kleinen Exkurs, zumal es generell viele Reptilien und auch Amphibien aus vergleichbaren Klimazonen betrifft. In der Natur verbringen diese Tiere den Winter in ge-

In der warmen Sommerzeit fühlen sich Landschildkröten im Freiland sehr wohl. Ein solcher »Laufstall« erweist sich dabei als besonders praktisch. Ein kleines Dach bietet Schutz vor Regen und zu starker Sonneneinstrahlung.

Gesunde Schildkröten sind temperamentvoller, als man gemeinhin vermutet. Diese Maurische Landschildkröte richtet sich auf, um gierig nach der dargebotenen süßen Frucht zu schnappen.

schützten Verstecken, wobei die Temperaturen stark abfallen und die Körperfunktionen auf ein Minimum zurückgehen. Auch für unsere Terrarieninsassen ist es gut, wenn sie diesen naturbedingten Jahreszeitenrhythmus beibehalten können: Sie bleiben gesünder, leben länger und pflanzen sich womöglich sogar im nächsten Frühjahr fort. Beginnen sie im Spätherbst unruhig zu werden, wird es allmählich Zeit für die Überwinterungsaktion. Man quartiert die Tiere, die gut genährt sein müssen, aber mehrere Tage gefastet und sich gründlich entleert haben (bei Schildkröten kann man mit lauwarmen Bädern etwas nachhelfen), in einen kühlen Raum oder in den Keller um, wo konstante Temperaturen um 5–8 °C herrschen. Dort werden sie in eine nicht zu kleine Kiste gesetzt, die etwa 30 cm hoch mit leicht feuchtem Torfmoos und Herbstlaub gefüllt ist, und wir warten ab, bis sie sich einwühlen. Dann ist alles in Ordnung, und wir können sie getrost ihrer Winterruhe überlassen. Sicherheitshalber schauen wir wenigstens einmal wöchentlich nach, ob auch alles weiterhin gut verläuft. Vor allem überprüfen wir dabei die Feuchtigkeit der Füllung. Sie darf nie ganz austrocknen und muß bei Bedarf mit Wasser benetzt werden. Beim Frühlingserwachen holen wir die Langschläfer hervor und stecken sie zuerst einmal in ein warmes Bad, damit die Lebensgeister und der Paarungstrieb ebenfalls erwachen.

Unter günstigen Umständen können wir bei unseren Landschildkröten mit Nachwuchs rechnen. Das Liebesspiel betreiben sie mit erstaunlich großer Hingabe und Ausdauer. Bei der Kopulation besteigt das Männchen seine Partnerin von hinten, was ihm dadurch erleichtert wird, daß sein Bauchpanzer leicht eingebuchtet ist. Die kugelrunden Eier legt das Weibchen in eine Grube, die es mit seinen Hinterbeinen in den Sandboden gescharrt hat und hinterher wieder zudeckt. Die Jungen schlüpfen nach knapp 3 Monaten – wenn wir Glück haben und wenn die Temperaturen stimmen (25–30 °C). Die nur wenige Zentimeter großen Jungtiere sind besonders heikel und anfällig. Zum Gedeihen benötigen sie eine zugfreie Unterkunft, sehr viel Sonne und Wärme sowie eine vitaminreiche Kost.

Schlammschildkröten

Das Zwischenreich zwischen Land und Wasser ist der Sumpf oder Schlamm. In ihm fühlen sich viele Schildkrötenarten wohl, die der Systematiker in 2 Familien zusammenfaßt: Schlammschildkröten (Kinosternidae) und Sumpfschildkröten (Emydidae); zu den letzteren gehören auch jene Arten, die der Zoologe und, in einem umfassenderen Sinne, der Laie als Wasserschildkröten bezeichnet. Die natürlichen Lebensräume und somit auch die Haltungsbedingungen sind bei allen ungefähr gleich: eine Uferzone (Landteil) und ein mehr oder weniger großer Süßwasserbereich (Wasserteil).

Aus der Familie der Schlammschildkröten erfreut sich eine Gattung, die Moschusschildkröten *(Sternotherus)* aus dem östlichen Nordamerika, steigender Beliebtheit, weil diese Tiere zierlich, recht ansehnlich und pflegeleicht sind und vorerst noch frei gehandelt werden dürfen. Ihren seltsamen Namen verdanken sie dem moschusartigen Geruch (oder Gestank), den sie aus ihren Afterdrüsen unter dem Rückenpanzerende ausscheiden, wenn sie sich bedroht fühlen. Die Amerikaner nennen sie darum zuweilen »Stink pots« (Stinktöpfe). Doch da die Stinker schnell zahm werden und auch ihre anfängliche Bissigkeit verlieren, machen sie von ihrer chemischen Waffe nur selten Gebrauch.

Am häufigsten eingeführt und nachgezüchtet wird die **(Gewöhnliche) Moschusschildkröte** *(Sternotherus odoratus),* die nur etwa 12 cm lang wird und sich auch schon für den Anfänger eignet. In ihrer Heimat bewohnt sie flache stehende oder langsam fließende Gewässer, auf deren Schlammboden sie nahrungsuchend umherwandert. Vom Schwimmen hält sie nicht allzuviel.

Da Moschusschildkröten fast ausschließlich im Wasser leben, ist ein Aquaterrarium bzw. Paludarium mit geringer Wasserhöhe (10–15 cm)

Die aus Amerika stammende Moschusschildkröte hält sich mit Vorliebe im Wasser auf. Da sie aber keine gute Schwimmerin ist, muß der Wasserstand ziemlich niedrig sein.

und einem kleinen Landteil für sie die passende Unterkunft. Das künstliche Ufer wird am zweckmäßigsten durch eine schräg eingeklebte Glasscheibe (siehe S. 32) abgetrennt, kann aber auch mit Ziegelsteinen und einer Sandaufschüttung gestaltet werden. Einen schlammigen Gewässerboden, wie er den Insassen sicherlich sehr willkommen wäre, können wir allerdings leider nicht einbringen, denn das gäbe eine heillose Schmutzkatastrophe. Aber ein paar flache Steine können den Boden des Wasserteils auflockern, und außerdem sollte ein kräftiges Aststück oder eine dekorative Moorkienwurzel die bescheidene Einrichtung vervollständigen und so installiert werden, daß sie zugleich als »Ausstiegshilfe« dient. Mehr wäre vom Übel, denn wir müssen uns damit abfinden, daß alle paar Tage ein Wasserwechsel fällig wird – um so häufiger, je mehr Schildkröten wir pflegen. Ist kein Abflußhahn vorhanden, wird das Wasser ganz oder teilweise mit einem Schlauch abgesaugt, wobei darauf zu achten ist, daß möglichst aller Schmutz und Kot mit entsorgt wird. Oder man verfährt nach der »Doppelschüssel-Methode« (siehe S. 32), wobei allerdings möglichst große Behälter verwendet werden sollten. Es versteht sich, daß das

frische Wasser für die Nachfüllung die gleiche Temperatur hat wie das abgesaugte. Am besten verwendet man gut abgestandenes Wasser, aus dem auch das schädliche Chlor bereits entwichen ist.
Eine Heizung ist bei einem warmen Standort nicht unbedingt erforderlich; meist genügt eine starke Lampe für die gewünschte Luft- und Wassertemperatur, die tagsüber bei etwa 20–25 °C liegen sollte. Die abwechslungsreiche Nahrung, die stets im Wasser aufgenommen wird, besteht aus Würmern, Nackt- und Wasserschnecken, Wasserinsekten und deren Larven, kleinen Fisch- oder Fleischhappen sowie Tubifex und Schildkröten-Fertigfutter aus dem Zoogeschäft; hin und wieder reicht man auch ein wenig Pflanzenkost. Wenn man eine unnötige Verschmutzung durch Essensreste vermeiden will, kann man auch eine Futternadel oder -pinzette benutzen, an die sich die Tiere schnell gewöhnen, vor allem wenn man damit den Leckerbissen verführerisch vor den hungrigen Mäulern hin und her schwenkt.

Sumpfschildkröten

Die Familie der Sumpfschildkröten ist sehr viel artenreicher als die der Schlammschildkröten und auch terraristisch ergiebiger. Darüber hinaus ist sie biologisch mannigfaltiger und uneinheitlicher, denn sie umfaßt Arten, die sich vollständig an das Wasserleben angepaßt haben, aber auch solche, die das »Landleben« auf feuchtem oder gewässernahem Terrain vorziehen und praktisch nie ins Wasser gehen.

Das bekannteste Familienmitglied ist die **Europäische Sumpfschildkröte** *(Emys orbicularis),* früher auch **Teichschildkröte** genannt, eine der wenigen Schildkrötenarten der Welt, die in kühleren Breiten der gemäßigten Zone vorkommen. Einst lebte sie sogar in Großbritannien und Skandinavien, und in Deutschland hat sie sich in wenigen Rückzugsgebieten östlich der Elbe bis heute behauptet. Im Mittelalter war sie hierzulande so häufig, daß sie zum Beispiel im Rheinland körbeweise als Fastenspeise gefangen wurde (weil die Wassertiere den »Fischen« zugeschlagen wurden, war der Verzehr ihres Fleisches nicht verboten). Damit ist es längst vorbei. Heute ist sie in Mitteleuropa eine große Rarität, die obendrein so scheu ist, daß nur wenige Menschen sie jemals im Freileben zu Gesicht bekommen. Zum Glück hat sie jedoch ein weites Verbreitungsgebiet, das sich über Südeuropa und Nordwestafrika bis ins westliche Asien erstreckt. Selbstverständlich ist sie streng geschützt, doch sie wird in größerer Zahl nachgezogen, so daß ihre private Haltung – mit entsprechender Genehmigung – immer noch möglich ist. Die Pflege der hübschen Schildkröten, die etwa 25 cm lang werden und auf ihrem schwärzlichen Rückenpanzer und Weichkörper ein variables gelbliches Strich- und Punktmuster zeigen, sollte jenen verantwortungsbewußten Liebhabern vorbehalten bleiben, die ihnen ein naturnahes Freilandterrarium bieten können, das heißt einen besonnten größeren Gartenteich mit weichem Bodengrund (am besten Sand) und üppiger Be-

Die Europäische Sumpfschildkröte ist zu einer zoologischen Kostbarkeit geworden, die man nur dann halten sollte, wenn man sie wirklich artgerecht pflegen und womöglich auch vermehren kann.

pflanzung. Hier können die Tiere, wenn sie an unsere klimatischen Verhältnisse gewöhnt sind, ganzjährig fast wie in freier Wildbahn leben (und sich vermehren). Die warmen Jahreszeiten verbringen sie dann teils sonnenbadend am Ufer oder auf künstlichen Inselchen, teils im Wasser, in das sie sich bei der geringsten Störung fluchtartig zurückziehen. Die Überwinterung entspricht den natürlichen Bedingungen: Von November bis März ruhen die Schildkröten auf oder im Gewässerboden, der vom Frost unbedingt verschont bleiben muß. Die Wassertiefe sollte also, je nach geographischer Lage, an einer Stelle mindestens 80–100 cm betragen. Was die Ernährung betrifft, können sich die Insassen an der Kleintierfauna und auch an der Flora des Teiches selbst bedienen; bei Bedarf werden Würmer, Insekten, kleingeschnittenes Fleisch- und Rindfleisch usw. zugefüttert.

Übrigens: Wer seine kostbaren Schützlinge nicht verlieren will, sollte das Teichterrarium mit einem ausbruchsicheren Zaun oder Mäuerchen umgeben. sonst kann es passieren, daß die unternehmungslustigen Schildkröten eines Tages abwandern, was ihnen unter Umständen übel bekommt. Auf keinen Fall sollten Sie ihre Schützlinge im nächsten Weiher aussetzen, wenn sie ihrer überdrüssig sind. Zum einen bedarf es einer großen Fachkenntnis, um abzuschätzen, ob ein Lebensraum für eine bestimmte Art geeignet ist, zum anderen – und noch viel wichtiger – unterscheiden sich die Individuen einer Art oft recht erheblich in ihren Lebensäußerungen, je nach ihrer geographischen Herkunft. Das Aussetzen jedweder Heimtiere (auch in Mitteleuropa wild verbreiteter Arten!) ist deshalb verboten (genauer: bedarf der Genehmigung durch die zuständige Naturschutzbehörde, die in der Regel nicht erteilt wird), bedeutet eine Verfälschung der natürlichen Fauna und kann diese gefährden (siehe auch S. 87).

Da die Europäische Sumpfschildkröte und ihre in Europa heimischen Verwandten nur unter strengen Auflagen gehalten werden dürfen und die Nachfrage das Angebot weit übersteigt, sehen sich die Terrarianer immer häufiger in fernen Ländern um, zum Beispiel in Südostasien. Von dort stammt die **Chinesische Dreikielschildkröte** *(Chinemys reevesi)*, die offensichtlich so zahlreich und weit verbreitet ist, daß sie als Delikatesse massenhaft auf den heimischen Märkten feilgeboten wird. Sie kann angeblich bis zu 25 cm lang werden, bleibt aber gewöhnlich erheblich kleiner. Ihren Namen verdankt sie den 3 parallel angeordneten Längskielen auf dem bräunlichen Rückenpanzer. Eine auffallende Schönheit ist sie nicht gerade, dafür aber recht munter, zutraulich und vergleichsweise preiswert. An die Wasserbeschaffenheit und die Temperaturen stellt sie keine großen Ansprüche, es sei denn, es handelt sich um Importe aus dem subtropischen Süden des Verbreitungsgebiets, die natürlich etwas mehr Wärme brauchen.

Bei uns können Chinesische Dreikielschildkröten den Sommer im Freilandterrarium verbringen, doch vom Herbst bis zum Frühjahr benötigen sie ein Aquaterrarium mit Wasser- und Landteil, wie ich es oben für die Moschusschildkröte beschrieben habe. Der Wasserstand sollte allerdings etwas höher sein (20–40 cm), obwohl die Tiere keine besonders guten Schwimmer sind, sondern sich eher paddelnd fortbewegen. Licht und Wärme spenden eine Lampe oder Leuchtstoffröhre sowie ein zwischendurch eingesetzter UV-Strahler, und verfüttert wird eine abwechslungsreiche tierische und auch pflanzliche Kost, wie immer mit Kalk und Vitaminen angereichert.

Es gibt noch eine Reihe von exotischen Sumpf- bzw. Wasserschildkröten, die gelegentlich im Fachhandel auftauchen und ähnlich wie die genannten Arten zu pflegen sind. Doch zum Abschluß dieses Kapitels möchte ich nur auf eine Art oder vielmehr Unterart (erkennbar an dem dreiteiligen wissenschaftlichen Namen) etwas näher eingehen, die früher zum Standardrepertoire der Terraristik gehörte. Gemeint ist die **Rotwangen-Schmuckschildkröte** *(Pseudemys* [= *Trachemys* oder *Chrysemys*] *scripta elegans)* aus dem mittleren bis südlichen Osten der USA und Nordmexiko. Diese wunderschöne Schildkröte mit dem namengeben-

Dem unscheinbaren rötlichen Wangenfleck und der schmucken Körperzeichnung verdankt die Rotwangen-Schmuckschildkröte ihren Namen.

den roten Wangenfleck und der aparten Panzer- und Körperzeichnung wurde vor nicht allzu langer Zeit alljährlich zu Hunderttausenden in Gestalt von fünfmarkstückgroßen Babys eingeführt und geradezu verschleudert; inzwischen ist der Import nach Deutschland grundsätzlich untersagt, so daß praktisch nur noch Nachzuchten zu haben sind. Das ist sehr gut so, denn mit kaum einem anderen Terrarientier ist soviel Schindluder getrieben worden wie mit diesem. Weil die putzmunteren kleinen Jungtiere so unwiderstehlich sind und so billig waren, wurden sie am liebsten für tierliebe Kinder und von unerfahrenen Terrarianern gekauft. Es sind jedoch alles andere als Kinder- oder Anfängertiere. Darum ist es zu begrüßen, daß sie heutzutage fast nur noch in die Hände von seriösen Liebhabern gelangen und daß andere Interessenten erfolgreich abgeschreckt werden, wie ich es kürzlich in einem Zoogeschäft erlebt habe. Auf die Frage einer Mutter, die offensichtlich Spieltiere für ihre Kleinen suchte und dabei auf die niedlichen Schildkrötchen verfiel, antwortete der Verkäufer: »Wasserschildkröten sind Schweine!« und empfahl dann die Anschaffung eines Goldhamsters. Ganz so drastisch würde ich es nicht ausdrücken, aber etwas Wahres ist schon dran, wie ich aus leidvoller Erfahrung weiß.

Nur wenige Käufer wissen oder bedenken, daß die Schmuckschildkrötenbabys in wenigen Jahren die stattliche Länge von 25–28 cm erreichen und mit zunehmendem Alter auch viel von ihrer kindlichen Anmut und Schönheit verlieren. Als ausgesprochene Wassertiere halten sie sich fast ständig in ihrem Lebenselement auf, und wenn das Aquaterrarium für zwei oder gar mehr Insassen nicht sehr geräumig ist, verwandelt sich das Wasser schon nach wenigen Tagen in eine stinkende braune Brühe mit einer gesundheitsschädlichen Harnsäurekonzentration, denn die Tiere haben einen gesunden Appetit und einen ebenso gut funktionierenden Stoffwechsel. Hier ist ein Becken mit Blechboden und Abflußhahn fast unverzichtbar, weil wir sonst aus dem Wasserschöpfen und -absaugen nicht mehr herauskommen.

Auch ansonsten sind die Tiere recht anspruchsvoll. Als Bewohner der Subtropen und der südlichen gemäßigten Zone lieben sie die Wärme. Das Wasser wird am einfachsten mit einem (bruchfest installierten) Aquarien-Thermostatheizer oder einem Heizkabel auf Temperaturen um 25 °C gebracht, und die Luft sollte mit einem Strahler noch etwas mehr erwärmt werden. Die Tiere schwimmen und tauchen zwar gern, aber

ebenso gern sonnen sie sich auf einer festen Unterlage, die wir ihnen in Form eines kleinen Landteils, einer zwischen die Scheiben eingeklemmten Zierkorkbrücke oder einer aus Steinen errichteten standfesten Insel zur Verfügung stellen müssen. Eine Haltung im sonnig gelegenen Gartenteich ist allenfalls in der wärmsten Sommerzeit möglich. Die raschwüchsigen Schildkröten, die sich zu kräftigen und rauhen Gesellen entwickeln, sind, wie schon angedeutet, ziemlich gefräßig und müssen reichlich mit tierischer Kost und gelegentlichen Grünzeugbeigaben verpflegt werden.
Ich hoffe, meine Warnung vor den »Rotwangen« ist richtig angekommen bei denen, die es betrifft. Wenn Sie den beträchtlichen Aufwand scheuen, der mit der artgerechten Pflege dieser sehr langlebigen Tiere verbunden ist, sollten Sie weise Zurückhaltung üben. Lassen Sie sich, sofern Sie keine »ernsten Absichten« haben, auf keinen Fall verführen durch die putzigen Babys, die in einigen europäischen Urlaubsländern als lebende Souvenirs feilgeboten werden, weil dort die Einfuhr noch nicht unterbunden ist. In den USA werden angeblich jedes Jahr rund 5 Millionen Rotwangen-Schmuckschildkröten gezüchtet und zum großen Teil nach Europa exportiert, wo ihnen für gewöhnlich ein früher Tod droht. Was noch schlimmer ist: Manche verantwortungslose »Tierliebhaber« entledigen sich der langweilig und lästig gewordenen Pfleglinge einfach dadurch, daß sie sie irgendwo in einem Teich oder See aussetzen. Die verstoßenen Heimtiere verenden entweder sehr bald, oder sie überstehen den Schock und den ersten Winter in unserem durchwachsenen Klima und entwickeln sich zu schier unersättlichen Räubern, die hemmungslos über den Laich und die Brut unserer meist geschützten heimischen Wassertiere herfallen. Diese folgenschwere »Faunenverfälschung« – und nicht etwa eine Gefährdung der Rotwangenbestände in Amerika – ist übrigens der eigentliche Grund für den Erlaß des vorerwähnten Importverbots.

Rotwangen-Schmuckschildkröten sind gesellige Tiere und nehmen zwischendurch gern ein gemeinsames »Sonnenbad« außerhalb des Wassers, das ihr eigentliches Lebenselement darstellt.

Unser heimischer Laubfrosch, bis vor wenigen Jahrzehnten als »Wetterprophet« weidlich mißbraucht, darf heute nur noch ausnahmsweise gehalten werden. Er ist wie viele seiner Verwandten ein Kletterakrobat, der mit seinen saugnapfartigen Finger- und Zehenkuppen selbst an schwankenden dünnen Stengeln emporklimmen kann.

Amphibien

Vorbemerkungen

Auf der Stufenleiter der Evolution stehen die Amphibien oder Lurche unter den Reptilien. Sie markieren in der Stammesgeschichte den Übergang von den wasserlebenden Fischen zu den landbewohnenden höher entwickelten Wirbeltierformen, den Reptilien, Vögeln und Säugetieren. Ihre ursprüngliche Beziehung zum nassen Element haben sie nie ganz aufgegeben, wie schon der Name Amphibien verrät: Er leitet sich von griechisch »amphí-bios« (doppellebig) her und bezeichnet Tiere, die im Wasser und auf dem Land heimisch sind.
Viele Arten halten sich mehr oder weniger ständig im Wasser auf, und die allermeisten sind durch ihr Fortpflanzungssystem an das Wasser gebunden, in dem die gallertartigen Eier (Laich) abgelegt werden und die aus ihnen schlüpfenden Larven heranwachsen. Im Wasser atmen die Amphibien wie die Fische durch Kiemen, an Land wie die Höheren Wirbeltiere durch Lungen. Sie machen also, was ihre Körpergestalt und ihre Lebensweise angeht, eine gewaltige Veränderung durch, die man als Metamorphose bezeichnet.
Gleichwohl haben die Amphibien manches mit den Reptilien gemeinsam: Beide sind wechselwarm oder poikilotherm (siehe S. 42), beide haben 4 Gliedmaßen (sofern diese nicht zurückgebildet sind), und viele Amphibien sind äußerlich ähnlich gebaut wie Reptilien, zum Beispiel die Molche und Salamander, die an Eidechsen erinnern und früher auch »Wassereidechsen« genannt wurden, oder die merkwürdigen Blindwühlen oder Schleichenlurche, die man mit kleinen Schlangen – oder großen Würmern! – verwechseln kann. Kein Wunder, daß erst die Zoologen des 19. Jahrhunderts die beiden Tierklassen eindeutig voneinander geschieden haben.
Bei genauem Hinsehen entdeckt man immerhin einen ganz wesentlichen Unterschied: Im Gegensatz zu den Reptilien tragen die Amphibien niemals ein Schuppengewand oder einen Panzer, sondern eine nackte, weiche, schlüpfrige Haut, die reichlich mit Drüsen und Farbstoffzellen besetzt ist. Die ungeschützte Haut braucht, um gesund und vor Austrocknung bewahrt zu bleiben, eine beständige Feuchtigkeitszufuhr. Amphibien »trinken« nämlich durch ihre Haut und gedeihen darum nur in einem feuchten Milieu – ein wichtiger grundsätzlicher Hinweis für alle, die solche Tiere im Terrarium pflegen wollen.
Die Klasse Amphibien umfaßt rund 3000 Arten und wird in 3 Ordnungen unterteilt: Schwanzlurche (Urodela

oder Caudata), Froschlurche (Anura oder Salientia) und Blindwühlen oder Schleichenlurche (Gymnophiona). Alle Terrarientiere entstammen den beiden erstgenannten Ordnungen; die dritte enthält nur wenige unterirdisch lebende Arten, die recht unscheinbar und wissenschaftlich noch wenig erforscht sind.

Schwanzlurche

Ein typischer Schwanzlurch, den wohl jeder wenigstens von Abbildungen her kennt, ist unser heimischer Feuersalamander. Er besitzt einen echsenähnlich gestreckten Körper mit 4 Beinen, einem vom Rumpf abgesetzten Kopf und einem ziemlich langen, spitz zulaufenden Schwanz, von dem die gesamte Ordnung ihren Namen hat. Durch dieses Merkmal unterscheiden sich die Schwanzlurche am auffälligsten von den Froschlurchen.

Die Abgrenzung der Schwanzlurche wird uns schon durch die jedermann geläufigen deutschen Namen leicht gemacht. Wenn wir Kombinationen mit den Wörtern Salamander, Molch oder Olm hören oder lesen, wissen wir sofort, daß wir es mit Vertretern dieser Amphibienordnung zu tun haben. Solche volkstümlichen Namen sind allerdings recht grobschlächtig und sagen wenig über die Verwandtschaftsverhältnisse und die systematische Stellung innerhalb der Ordnung aus. Die europäischen Molche haben beispielsweise mit ihren amerikanischen Namensvettern aus biologischer Sicht wenig gemeinsam. Mit anderen Worten: die rund 250 Arten der Schwanzlurche warten mit einer erstaunlich großen Typenvielfalt und Formenfülle auf, die selbst für den Fachmann recht unübersichtlich sind.

Diese Vielfalt läßt sich terraristisch nur in bescheidenem Umfang »nutzen«. Das liegt vor allen Dingen daran, daß Schwanzlurche vornehmlich in den kühleren Gegenden der nördlichen gemäßigten Zone beheimatet sind. Und alle europäischen Arten sind bekanntlich grundsätzlich geschützt, so daß sie für die private Haltung weitgehend ausscheiden. Eine Genehmigung zur Haltung muß stets vorliegen.

Feuersalamander

Der bereits erwähnte **Feuersalamander** *(Salamandra salamandra),* einst ein beliebtes Terrarientier, darf heute nur noch als Nachzucht gehalten werden. Er läßt sich jedoch leicht züchten und ist folglich hin und wieder erhältlich. Sein Verbreitungsgebiet erstreckt sich von Mittel- und Südeuropa bis Nordafrika und Kleinasien, und er hat in diesem geographischen Großraum mehrere Unterarten ausgebildet, die sich durch unterschiedliche Länge und Färbung deutlich voneinander abheben. Seine prächtigste Variante, die gefleckte sogenannte Nominatform *(S. s. salamandra),* wird etwa 25 cm lang und trägt auf dem lackschwarzen Körper ein individuell unterschiedlich ausgeprägtes Muster aus gelben bis orangegelben Flecken oder Längsstreifen. Diese grelle »Kriegsbemalung«, die der Zoologe als Warntracht bezeichnet, soll auf Freßfeinde abschreckend wirken.

Kaum ein Tier wagt sich an einen Feuersalamander heran, der in der leicht giftigen Absonderung seiner Ohrdrüsen eine wirksame Abschreckungswaffe besitzt. Doch im Grunde ist er friedfertig und harmlos. Er versucht sich nur auf seine Art seiner aparten Haut zu wehren.

Feuersalamander sind als Terrarienbewohner ziemlich anspruchslos und ungewöhnlich ausdauernd; ein Exemplar hat in Menschenobhut nachweislich das biblische Alter von 43 Jahren erreicht! Selbst ein Anfänger kann bei diesen Tieren kaum etwas falsch machen, wenn er ihnen ein stets feuchtes Standardterrarium mit Walderdeboden, Moospolstern, Aststücken, glatten Feldsteinen und einer flachen Wasserschale einrichtet. Eine Heizung ist nicht erforderlich, ebensowenig eine zusätzliche Beleuchtung. Salamander lieben einen kühlen, schattigen Standort und hassen direkte Sonneneinstrahlung. Beständige Feuchtigkeit, die wir durch tägliches Überbrausen der Inneneinrichtung erzielen, ist dagegen lebensnotwendig.

Unsere Feuersalamander sind dämmerungsaktiv und spielen am Tag gern Verstecken. Doch am Abend werden sie munter, und wir können ihnen dann fasziniert zuschauen, wenn sie auf Nahrungssuche gehen. Gefüttert werden sie mit Regenwürmern, Nacktschnecken, Glattraupen, Maden, Mehlwürmern usw. – lauter Lebendfutter, das leicht zu beschaffen ist. Bei richtiger, hygienischer Haltung und bei abwechslungsreicher Ernährung fühlen sich die Tiere wahr-

Der Feuersalamander mit seiner grellen schwarz-gelben Warntracht ist eine geschützte Art und deshalb als Terrarientier selten geworden. Er läßt sich jedoch leicht pflegen und nachzüchten.

Herrlich bunt schillert das Bergmolchmännchen, wenn es sein Hochzeitsgewand angelegt hat. Die einheimischen Molcharten sind zierliche, zerbrechlich wirkende Geschöpfe, die fast ständig im Wasser leben.

scheinlich so wohl, daß sie uns mit Nachwuchs erfreuen. Das Weibchen legt keine Eier wie die meisten Lurche, sondern setzt, vorwiegend im Frühjahr, gleich die fertigen Larven ins flache Wasser ab. Diese Larven verfügen über 2 Beinpaare, einen Ruderschwanz und Kiemen, die sie für ihr erstes Entwicklungsstadium im Wasser benötigen. Nach 3–5 Monaten steigen die verwandelten, etwa 5 cm langen Salamanderkinder an Land, wo sie den Rest ihres Lebens verbringen. Feuersalamander aus unseren Breiten legen übrigens eine Winterpause ein. Die Überwinterung findet praktischerweise im angestammten Terrarium statt, das nur genügend Versteckplätze zum Verkriechen bieten und bei etwa 5 °C »kaltgestellt« werden muß.

Molche

Die Schutzbestimmungen und Haltungsbeschränkungen, denen der Feuersalamander unterliegt, gelten auch für seine einheimischen Verwandten, die Echten Wassermolche (Gattung *Triturus*), die wie er der großen Familie Salamandridae angehören. Weil sie nur selten in Liebhaberhände gelangen, kann ich mich kurz fassen und mich fast mit der Aufzählung der 3 wichtigsten Arten begnügen: **Bergmolch** *(Triturus alpestris)*, **Teichmolch** *(Triturus vulgaris)* und **Kammolch** *(Triturus cristatus)*. Am hübschesten ist zweifellos der Bergmolch, aber auch die anderen können sich sehen lassen, vor allem wenn sie ihr prächtiges Hochzeitsgewand angelegt haben. Die kleinen, zierlichen und zerbrechlich wirken-

Der Kammolch wird bis 18 cm lang und gilt somit als der größte europäische Wassermolch. In der Paarungszeit legt sich das Männchen den gezackten Rückenkamm zu, von dem die Art ihren Namen hat.

Der aus Fernost stammende Feuerbauchmolch hat als Terrarientier Karriere gemacht, nachdem seine europäische Verwandtschaft unter Schutz gestellt wurde. Er ist wie sie sehr farbenprächtig, anspruchslos und pflegeleicht.

Der Kalifornische Gelbbauchmolch erfreut sich zunehmender Beliebtheit, weil er frei gehandelt werden darf und in einem Aquarium oder Aquaterrarium bei uns gut gedeiht. Sehr ähnlich sieht der Rauhhäutige Gelbbauchmolch aus; er hat jedoch eine »rauhe« Haut, die fein gekörnt erscheint.

den, aber recht robusten Molche messen nur etwa 10–15 cm und werden in einem ungeheizten Aquaterrarium mit Landteil gepflegt.

Ausweichmöglichkeiten, die von den Terrarianern heute immer häufiger genutzt werden, eröffnen ferne Länder in Übersee. Ich nenne stellvertretend für einige andere nur ein paar Arten, die verhältnismäßig leicht zu beschaffen sind. Aus dem westlichen Nordamerika stammen der **Rauhhäutige Gelbbauchmolch** *(Taricha granulosa)* und der **Kalifornische Gelbbauchmolch** *(Taricha torosa)*. Beide werden etwa 20 cm lang, haben eine gelbliche Unter- und eine bräunliche Oberseite und einen auffallend langen Schwanz. Im Osten der USA ist der nur ca. 10 cm lange **Grünliche Wassermolch** *(Notophthalmus viridescens)* zu Hause. Besonders farbenprächtig ist der ebenso kleine **Feuerbauchmolch** *(Cynops pyrrhogaster)* aus Japan und Nordostchina mit seinem feuerroten, schwarz gefleckten Bauch. Alle diese Arten sind Mitglieder der uns inzwischen vertrauten Familie Salamandridae und genauso einfach zu pflegen wie ihre vorgenannten europäischen Verwandten: ungeheiztes Aquaterrarium mit Landteil, Fütterung mit dem üblichen Kleingetier.

Axolotl

Für den Schluß habe ich mir ein Kuriosum aufgehoben, dessen Namen fast jeder kennt, ohne eine genauere Vorstellung von dem dazugehörigen Tier zu haben: **Axolotl** *(Ambystoma* [= *Siredon*] *mexicanum)* aus der Familie der Querzahnmolche (Ambystomidae). Der aztekische Name, der angeblich soviel wie »Wassermonster« bedeutet, verweist auf die Heimat der Axolotl, einen einzigen, großenteils verlandeten Hochlandsee im Südosten von Mexico City. Dieser extrem begrenzte Lebensraum ist die erste Besonderheit und war Anlaß genug, die im Freileben vom Aussterben bedrohte Art unter Schutz zu stellen. Für Forschungs- und Liebhaberzwecke wird sie jedoch regelmäßig nachgezogen, so daß der spezialisierte Liebhaber nicht ganz auf sie zu verzichten braucht. Er muß allerdings ein Liebhaber des Bizarren sein, denn eine Schönheit ist der 25–30 cm lange, gelbbraun bis schwärzlich oder albinotisch weiß bis gelblich gefärbte Schwanzlurch mit dem plumpen Körper und dem breiten Kopf gewiß nicht. Dafür wartet er mit einer zweiten, biologisch höchst interessanten Besonderheit auf: Er verharrt normalerweise lebenslänglich im Larvenstadium und pflanzt sich auch als kiementragende Larve fort. Dieses seltsame und seltene Phänomen wird mit einem Fachbegriff Neotenie genannt. Es kommt sonst nur noch bei den Olmen (Familie Proteidae) vor, insbesondere bei den berühmten bleichen und blinden Grottenolmen aus den kalten unterirdischen Höhlengewässern des Karstgebirges. Es sind faszinierende Tiere, die aber wegen ihrer ungewöhnlichen Spezialanpassung – und wegen ihres Schutzstatus – für die Gefangenschaftshaltung nicht in Betracht kommen.

Schön ist er nicht gerade, aber sehr originell: der Axolotl aus Mexiko (oder aus dem Zuchtbetrieb). Er wird nie richtig erwachsen, sondern verharrt bis zum Tod im Larvenstadium, das an den Kiemenbüscheln zu erkennen ist, und pflanzt sich sogar als Larve fort.

Weil der Axolotl in der Natur ständig im Wasser lebt, wird er in einem regelrechten Aquarium gepflegt, freilich nicht zusammen mit kleinen Zierfischen, die er als leichte Beute betrachten würde. Das geräumige Becken erhält einen Bodenbelag aus sauberem Sand, den man mit ein paar Steinen und Pflanzen für das Kaltwasseraquarium dekorieren kann. Zur Reinhaltung und Umwälzung des Wassers sollte ein leistungsfähiger Aquarienfilter eingebaut werden. Beleuchtung und Heizung sind nicht nötig, da der Axolotl den Schatten und Wassertemperaturen um 15–20 °C liebt. Ernährt wird er mit Regenwürmern, Tubifex, in Streifen geschnittenem magerem Fleisch oder Fisch und gefriergetrocknetem oder tiefgefrorenem Aquarienfischfutter.

Froschlurche

Sämtliche Amphibien, die das Wort »Frosch«, »Kröte« oder ausnahmsweise »Unke« im Namen tragen, gehören zur Ordnung Froschlurche. Das leuchtet auch dem Laien ein, der die äußerliche Übereinstimmung der Froschlurche sofort erkennt. Denn alle diese Tiere haben einen rundlichen, schwanzlosen Körper mit 4 Gliedmaßen, von denen die beiden hinteren als Sprungbeine besonders lang und kräftig entwickelt sind. Einen Schwanz besitzen nur die als Kaulquappen bezeichneten wassergebundenen und kiemenatmenden Larven, die ihn aber nach der Metamorphose zum lungenatmenden und in der Regel landbewohnenden Volltier sehr bald verlieren.

So einheitlich und geschlossen die Ordnung auf den ersten Blick wirkt, so mannigfaltig und stark differenziert sind die in ihr vereinten Lebensformen. Frosch ist nicht gleich Frosch und Kröte nicht gleich Kröte. Die gemeinsame Benennung verbindet vielfach Unvereinbares. Im Grunde haben die Systematiker in der Kategorie Froschlurche eine Vielzahl von Tieren zusammengefaßt, die sehr unterschiedliche Entwicklungslinien repräsentieren, aber unter dem Anpassungsdruck der Umweltbedingungen ähnliche Körpermerkmale und Verhaltensweisen ausgebildet haben. Eine solche gleichgerichtete Entwicklung von stammesgeschichtlich unabhängigen Lebewesen wird Konvergenz oder konvergente Evolution genannt, und gerade die Froschlurche gelten als ein Paradebeispiel für dieses Phänomen, dem wir im Tierreich immer wieder begegnen.

Der Terrarianer, der lediglich darauf bedacht ist, seine Frösche, Kröten oder Unken artgerecht und liebevoll zu betreuen, braucht sich über die ungemein komplizierten Verwandtschaftsverhältnisse seiner Schützlinge keine großen Gedanken zu machen, aber er sollte wenigstens eine Ahnung von den evolutionsbedingten Fakten und Faktoren haben, welche die unterschiedlichen ökologischen und biologischen Ansprüche der Tiere bestimmen.

Die Froschlurche bilden mit rund 2600 oder mehr Arten die weitaus größte Amphibienordnung. Im Unterschied zu den Schwanzlurchen, die überwiegend die gemäßigten Breiten bewohnen, sind die Froschlurche vom

Nordpolarkreis über die Subtropen und Tropen bis zur Südspitze Südamerikas vertreten, besonders zahlreich und in den farbenprächtigsten Formen im feuchtwarmen Regenwald Südamerikas, wo man sie wahrscheinlich am wenigsten vermutet.
Man sollte meinen, bei einem solchen Artenreichtum hätten die Terrarianer die freie Auswahl aus einem Riesenangebot. Doch wenn man sich in den Zoogeschäften umsieht, entdeckt man nur vereinzelt Frösche, Kröten oder Unken. Das hat, glaube ich, zwei Gründe: Zum ersten ist die Haltung solcher »glitschiger« und »sprunghafter« Tiere nicht jedermanns Sache, und zum zweiten sind die freundlich-vertrauten einheimischen Arten generell geschützt, so daß das einschlägige Angebot gegen Null geht.
Wohl gänzlich verschwunden sind inzwischen die einst so beliebten Frösche im Einmachglas, die zu Unrecht als billige Wetterpropheten gepriesen wurden. Gott sei Dank, kann man da nur sagen, denn diese Form der Froschhaltung war reine Tierquälerei. Die armen Fröschlein stiegen nur deshalb so gern auf das im Glas aufgestellte Leiterchen, weil sie von Natur aus begeisterte Kletterer sind und sich die Welt am liebsten von oben anschauen. Und wenn sie auf der obersten Sprosse Platz nahmen, so war das keine Schönwetterprognose, sondern ein verzweifelter Versuch, dem viel zu engen und schlecht belüfteten Gefängnis zu entkommen – ein Fluchtversuch, der leider jedesmal am Fliegendrahtdach des Behälters scheiterte.

Laubfrösche

Als »Wetterfrosch« völlig fehlbesetzt ist unser allbekannter **Laubfrosch** *(Hyla arborea)*, ein schmucker, nur 5 cm langer Grünrock mit heller Bauchseite. Seine mollige Figur und sein abgerundeter Kopf mit den ausdrucksvollen großen Augen paßt sehr gut in das von Konrad Lorenz beschriebene »Kindchenschema«, das bei uns Menschen den angeborenen Pflegetrieb auslöst. »Er ist deshalb ein Frosch mit großem ›Schauwert‹ und wird häufiger als jeder andere Frosch in den Tierläden der Städte gehandelt und von Liebhabern gepflegt«, heißt es noch in »Grzimeks Tierleben«. Heute muß das Präsens dieser Aussage durch die Vergangenheitsform ersetzt werden. Der Laubfrosch ist zwar in mehreren Unterarten und West- über Mittel- und Südeuropa bis zum Kaukasus und Ural weit verbreitet, aber er gilt offiziell als »stark gefährdet«. Das trifft sicherlich auf unsere verödete Kulturlandschaft zu, doch wohl kaum auf das gesamte riesige Verbreitungsgebiet. Im übrigen ist der Bestandsrückgang weniger auf die Eingriffe der mitteleuropäischen Froschliebhaber als auf die zunehmende Zerstörung der von unseren Amphibien bewohnten Feuchtgebiete zurückzuführen.
Wie dem auch sei, der Laubfrosch ist heute ein sehr seltener Terrariengast, der nur noch als Nachzucht gehalten werden darf. Dennoch möchte ich ihn – als einzige europäische Art – in meine Auswahl der Froschlurche aufnehmen, um allgemein etwas über die richtige Pflege von (legal erwor-

Der europäische Laubfrosch präsentiert sich zumeist als prächtiger »Grünrock«. Doch er kann das leuchtende Grün je nach Stimmung und Umgebung mit grauen, bräunlichen oder gelblichen Farbtönen vertauschen.

benen) einheimischen Fröschen zu sagen.

Nicht nur die berüchtigten Einmachgläser, sondern auch alle anderen Minibehälter aus Glas oder Kunststoff, die immer wieder als »Froschhäuser« angeboten werden, sind gänzlich ungeeignet. Die Tiere brauchen ein geräumiges und luftiges, ungeheiztes Feuchtterrarium mit einem Bodenbelag aus Lauberde und Torf, einem Kletterast und einem, je nach Art und Lebensweise, mehr oder weniger großen Wasserteil. Die lebensnotwendige Luftfeuchtigkeit wird zusätzlich durch regelmäßiges Besprühen aufrechterhalten. Eine Beleuchtung (Leuchtstoffröhre) darf nicht fehlen, doch das Kunstlicht wird so oft wie möglich durch Sonnenlicht ergänzt, indem man den Behälter ins Freie stellt.

Als Futter für Froschlurche, die sich ausnahmslos von tierischer Kost ernähren, eignen sich Fliegen, Spinnen, Regenwürmer, Falter, Glattraupen, Heuschrecken und überhaupt Insekten aller Art, notfalls auch Mehlwürmer. Die Tiere sind nicht wählerisch und verspeisen so ziemlich alles, was sie mit ihrem großen Maul bewältigen können.

Eine gute Alternative zum Terrarium ist in ländlichen Regionen ein naturnah gestalteter Gartenteich, der allerlei Frösche und Kröten anlockt. Die willkommenen Gäste stellen sich, vor allem im Frühjahr zur Laichzeit, meist von selbst ein, und wir können uns ganz kostenlos und ohne Bedenken hinsichtlich der Artenschutzbestimmungen an ihrem munteren Treiben während der Hochzeitsvorbereitungen erfreuen. Dabei geht es allerdings bei den meisten Arten recht lautstark zu, und nicht jedem gefällt ein monotones Froschkonzert im obligaten Fortissimo. Wegen dieser Naturlaute hat es schon häufig Nachbarschaftsstreitigkeiten gegeben, die auch vor Gericht ausgetragen wurden. Die Urteile fallen unterschiedlich aus, mal zugunsten der Froschfreunde, mal zugunsten der lärmempfindlichen Kläger. Am besten ist, daß man sich mit seinen lieben Nachbarn verständigt, bevor man die Schallblasmusikanten zum Wassergartenkonzert einlädt.

Von unserem heimischen Laubfrosch ist ein Vetter aus Übersee, der als frei »vermarktbarer« Ersatz bei uns immer populärer wird, kaum zu unterscheiden: der **Carolina-Laubfrosch** *(Hyla cinerea)*, der oft einfach **Amerikanischer Laubfrosch** genannt wird, was freilich zu Verwechslungen führen kann, da es in der Neuen Welt noch eine ganze Reihe anderer Laubfrösche der Familie Hylidae gibt. Nicht minder mißverständlich ist die in der Literatur häufig verwendete Bezeichnung **Grüner Laubfrosch**, denn Grün gehört zur Standardfärbung vieler Laubfroscharten, die sich damit in der grünen Vegetation tarnen.

Der amerikanische Vetter unseres heimischen Laubfrosches ist der Carolina-Laubfrosch, der ihm auf den ersten Blick auffallend ähnelt. Er wird allerdings etwas größer und trägt an den Körperseiten und Beinen helle Längsstreifen.

Der Carolina-Laubfrosch wird nur ein wenig größer als unser Laubfrosch, nämlich bis zu 6,5 cm, und sein grüner Rock hat oft einen Stich ins Bläuliche und ist manchmal mit weißlichen bis goldgelben Sprenkeln verziert. Die Körperseiten und auch die Beine tragen aparte helle Längsstreifen, die meist von feinen schwarzen Linien gesäumt sind. Ein weiteres Merkmal ist die glockenähnliche, leicht nasal klingende Stimme. Die Heimat der Art liegt im Südosten der USA, nicht nur im namengebenden North und South Carolina, sondern im gesamten Küstentiefland von Virginia bis Florida und Texas.

Die Pflege dieses exotischen Frosches ist unproblematisch. Er nimmt, wie unser Laubfrosch, mit einem ungeheizten Feuchtterrarium vorlieb; eine schwache Heizung oder ein wärmerer Standort ist allenfalls bei Exemplaren aus dem südlichen Teil des großen Verbreitungsraums erforderlich. Man gönne ihm jedoch eine möglichst geräumige, hochformatige Unterkunft mit hochwüchsigen Pflanzen, denn er ist ein besonders spring- und kletterfreudiger Geselle. Daß er als Klettermaxe geradezu akrobatische Kunststücke vollführt, erklärt sich mit einer anatomischen Besonderheit, die übrigens in mehr oder weniger ausgeprägter Form allen Laubfröschen eigen ist: Er besitzt scheibenförmig verbreiterte Finger- und Zehenspitzen, die wie Saugnäpfchen funktionieren. Damit kann er mühelos zwischen Stengeln und Ranken umhersteigen und sogar kopfunter an überhängenden glatten Flächen sicheren Halt finden.

Krallenfrösche

Noch einfacher in der Haltung sind einige Vertreter der sehr urtümlichen Familie Zungenlose Frösche (Pipidae), die als Terrarientiere seit Jahrzehnten bekannt und beliebt sind: Krallenfrösche und Zwergkrallenfrösche. Einen Schönheitspreis können sie schwerlich erringen, aber dafür geben sie muntere, ausdauernde Pfleglinge mit einem interessanten, drollig anmutenden Verhalten ab.

Von den Krallenfröschen kommt nur eine Art in Betracht: der eigentliche **Krallenfrosch** *(Xenopus laevis)*, der zur Unterscheidung von seinen nächsten Verwandten korrekterweise **Glatter Krallenfrosch** heißen müßte und in seiner afrikanischen Heimat auch **Platanna** genannt wird. Er erreicht im weiblichen Geschlecht eine Länge von etwa 12 cm; die Männchen bleiben kleiner. Der pummelige Frosch hat einen gedrungenen, breiten Körper, der oben graubraun marmoriert und unten meist weißlich ist, zwei relativ dünne und schwache »Ärmchen« und stämmige Hintergliedmaßen mit langen, teils krallenbewehrten Zehen und riesigen Schwimmhäuten. Wenn er mit seinen kleinen Augen, die nicht wie sonst üblich an den Kopfseiten, sondern oben auf dem abgeflachten Kopf sitzen, schräg nach oben schielt, so wirkt das auf uns unfreiwillig komisch. Ein berühmter Zoologe hat die Tiere einmals als »Wasseraffen« bezeichnet, womit er wohl vor allem auf ihr ungewöhnliches Freßverhalten anspielte: Da die Krallenfrösche keine Zunge haben, wie schon aus dem Familiennamen hervorgeht, müssen sie

Große »Schwimmflossen« und kleine Augen, die oben auf dem Kopf sitzen, sind die besonderen Kennzeichen des Krallenfrosches, der weniger durch seine Schönheit als durch sein drolliges Verhalten das Herz so manchen Terrarianers erobert hat.

ihre Beute entweder mit den Kiefern packen oder aber nach Affenmanier mit den Vorderfüßen ergreifen und zum Mund führen.

Der unscheinbare, anspruchslose Krallenfrosch hat in der Medizingeschichte eine nicht unwichtige Rolle gespielt, denn diese Art war vor der Entwicklung modernerer Verfahren zuständig für den sogenannten Froschtest, eine biologische Schwangerschaftsfrühdiagnose: Man spritzte dazu einem noch »jungfräulichen« Froschweibchen den Urin einer Frau ein, die sich möglichst früh Gewißheit über ihren Zustand verschaffen wollte. Legte das Tier in den nächsten 24 Stunden Eier ab, so war das ein zuverlässiges Anzeichen einer bestehenden Schwangerschaft. Das prompte Ablaichen wird durch bestimmte Hormone im Urin der werdenden Mutter ausgelöst. Schon wegen ihrer großen Verdienste als Labortiere sollten wir den Krallenfrosch unseren besonderen Respekt erweisen!

Am zweckmäßigsten hält man diese Frösche in einem flachen Aquarium (Wasserhöhe ca. 20 cm) mit großer Bodenfläche. Der Beckenboden wird mit einer Schicht aus grobem Sand oder Aquarienkies bedeckt. Ein paar große Steine oder Moorkienwurzeln, die zum Teil fast bis zur Wasseroberfläche aufragen und von den Insassen gern zum Anlehnen oder Aufrichten

Wie der eigentliche Krallenfrosch ist auch der Zwergkrallenfrosch ganz an das Wasserleben angepaßt. Man kann ihn ohne weiteres in einem geheizten Aquarium halten, zusammen mit nicht allzu großen Zierfischen.

benutzt werden, vervollständigen die Einrichtung. Eingetopfte derbe Wasser- oder Sumpfpflanzen schmücken den sonst ziemlich kahlen Lebensraum, allerdings meist nicht lange, weil die ungestümen Frösche nicht sehr pfleglich damit umgehen. Außerdem erschwert eine üppige Bepflanzung den regelmäßig fälligen Wasserwechsel. Steht das Becken an einem warmen, sonnigen Platz, können wir auf Heizung und Beleuchtung verzichten. Ansonsten genügt im allgemeinen ein kräftiger Strahler für die nötige Helligkeit und Wassertemperatur, die bei 20–25 °C liegen sollte.

Krallenfrösche sind Vielfraße, die nach allem schnappen, was ihnen vor das breite Maul kommt: Tubifex, Mückenlarven, Regenwürmer usw. Man kann sie auch recht gut an Fleisch- und Fischhäppchen gewöhnen, mit denen man ihnen vor der Schnauze herumwedelt. Die anfangs etwas scheuen und schreckhaften Frösche werden nämlich rasch zahm und zutraulich und nehmen dann die Leckerbissen gern aus der Hand oder Pinzette ihres Pflegers entgegen.

Zierliche Miniaturausgaben der Krallenfrösche sind die Zwergkrallenfrösche der Gattung *Hymenochirus*, die ebenfalls in Afrika, und zwar im Kongobecken und in Kamerun, heimisch sind und wie ihre großen Vettern ausschließlich im Wasser leben. Die Gattung besteht angeblich aus nur 4 Arten, die schwer auseinanderzuhalten sind. Am häufigsten gelangt offensichtlich der **Böttger-Zwergkrallenfrosch** *(Hymenochirus boettgeri)* in den Handel, wo er für gewöhnlich einfach als **Zwergkrallenfrosch** angeboten wird.

Die Froschzwerge werden nur 3–4 cm lang. Mit ihrem vorwiegend graubraun gefärbten Körper sind sie zwar ziemlich unscheinbar, aber dafür entschädigen sie uns durch ihre anmutigen Unterwasserkapriolen.

Mit ihren winzigen Händen und Füßen, die allesamt mit Schwimmhäuten versehen sind, paddeln sie eilfertig umher, suchen zwischen Pflanzen und Steinen Schutz vor vermeintlichen Feinden und tauchen plötzlich putzmunter wieder auf. Ihr possierliches Treiben kann man am besten beobachten, wenn man mehrere Exemplare in einem eigenen Becken pflegt, das nicht zu klein und nicht zu hoch sein sollte und mit Sandboden, Steinen und dichten Pflanzenbüscheln ausgestattet wird. Wenn Sie bereits ein normales Warmwasseraquarium besitzen, können Sie die Fröschchen einfach zu den exotischen Fischen hinzusetzen. Das geht in der Regel gut, denn die Beleuchtung und Wassertemperaturen (bis ca. 25 °C) stimmen dann, und Fische und Lurche teilen sich das übliche Zierfischfutter, bevorzugt das Lebendfutter: Tubifex, Mückenlarven, Wasserflöhe usw., auch gefriergetrocknete oder tiefgefrorene Kost. Die anfängliche Angst der Zwergkrallenfrösche vor den zumeist größeren schuppentragenden Mitbewohnern legt sich mit der Zeit, sobald sie merken, daß die Fische sie allenfalls mit Neugier, aber nicht mit Freßgelüsten betrachten.

Ochsenfrosch

Von ganz anderem Kaliber ist der in Südostasien weitverbreitete **Indische Ochsenfrosch** *(Kaloula pulchra)* aus der Familie der Engmaulfrösche (Microhylidae), deren gemeinsames Merkmal der kurze Spitzkopf mit dem »engen«, kleinen Maul ist. Er mißt 7–8 cm und wirkt mit seinem massigen, fast eiförmigen Körper und kurzen Gliedmaßen ziemlich plump und wie aufgeblasen. Wenn er sich vor Schreck erst richtig aufbläst, schwillt er gar wie ein Ballon zur doppelten Größe an. Seinen lateinischen Artnamen *pulchra* (schön) verdankt er

Plump, ja fast unförmig wirkt der Indische Ochsenfrosch, doch dafür entschädigt er uns durch seine kontrastreiche Färbung und sein freundliches, verträgliches Wesen, vielleicht auch durch sein markantes »Ochsengebrüll«.

also sicherlich nicht seiner wenig attraktiven Gestalt, sondern seiner ansprechenden kontrastreichen Färbung, in der braune und gelbliche Töne vorherrschen. Der merkwürdige deutsche Name Ochsenfrosch bezieht sich auf die Lautäußerungen des Männchens. Wenn es nach einem laichwilligen Weibchen ruft und dabei seinen großen schwarzen Schallblasen gewaltig aufbläht, klingt das tatsächlich wie das Gebrüll eines Ochsen. Wer eine gemischtgeschlechtliche Gruppe dieser Frösche hält, muß sich auf diese lautstarken dröhnenden Liebesrufe einstellen, die von Wohnungsnachbarn als sehr störend empfunden werden können. Im übrigen jedoch ist der Indische Ochsenfrosch ein recht gemütlicher, freundlicher Geselle, der sehr schnell zahm wird und auch schon dem terraristischen Anfänger empfohlen werden kann. Als Unterkunft wünscht er sich ein nicht zu hohes Aquaterrarium mit einer dicken, lockeren Bodenschicht, die durch Besprühen stets feucht gehalten wird, und einen kleineren Wasserteil. Klettergelegenheiten sind überfüssig, nicht aber Versteckplätze zwischen Steinen oder unter Korkrindenstücken. Die angemessene Wärme, läßt sich mit einem Heizkabel erzeugen, das nachts abgeschaltet wird. Als Beleuchtung eignet sich eine Leuchtstofflampe. Beköstigt werden die Ochsenfrösche mit allerlei Kleingetier, das durch seine Bewegungen den Jagdreflex auslöst. Totes Ersatzfutter kommt bei ihnen nicht gut an, doch ansonsten verspeisen sie so ziemlich alles, was in ihr gefräßiges »Engmaul« paßt.

Baumsteigerfrösche

Unseren kleinen Rundgang durch die Froschabteilung möchte ich mit exotischen Raritäten beschließen, die für den fortgeschrittenen Terrarianer, der bereit ist, viel Geld und Mühe in sein Hobby zu investieren, eine unwiderstehliche Verlockung darstellen. Gemeint sind die Baumsteiger- oder Farbfrösche der Familie Dendrobatidae (von manchen Systematikern als Unterfamilie Dendrobatinae der Familie Echte Frösche, Ranidae, aufgefaßt). Ihre Heimat sind die feuchten Tropenwälder der Neuen Welt. Die deutschen Namen besagen, daß die Tiere erstens gern auf Bäume steigen – manchmal freilich auch nur auf Sträucher und Kräuter – und sich zweitens durch ungewöhnliche Farbenpracht auszeichnen. Man hat fast den Eindruck, als hätte nicht die Natur, sondern ein wildgewordener Popkünstler die phantastischen Froschgewänder geschaffen.
Nüchtern betrachtet, sind es natürlich besonders grell geratene Warntrachten, die Feinden den Verzehr der Buntröcke gründlich verleiden. Daß sie alles andere als wohlschmeckend sind, hat einen bestimmten Grund, der ihnen noch einen weiteren Namen eingetragen hat: Pfeilgiftfrösche. Die mittel- und südamerikanischen Urwaldindianer spießen die Frösche mit Stöcken auf und halten sie so lange über ein Feuer, bis das in den Hautdrüsen enthaltene starke Gift austritt. Das ist eine rüde, aber sehr effiziente Praxis. Mit dem Gift werden nämlich die Pfeilspitzen präpariert, die ein angeschossenes kleineres Wild auf der

Stelle zu lähmen vermögen. Wenn ich jetzt noch verrate, daß die Baumsteigerfrösche durchweg Winzlinge von nur 1,5–3 cm Länge sind, ist die Überraschung wohl perfekt.

Selbst für Experten ist es schwierig, die Farben- und Formenvielfalt der verschiedenen Arten, Unterarten und individuellen Varianten zu entwirren. Nur wenige Arten sind gründlicher erforscht worden, nicht zuletzt durch engagierte Terrarianer. Früher wurden die Fröschlein für Liebhaberzwecke in großer Zahl importiert, doch seit sie allesamt auf der Liste des WA stehen, kommen sie nur noch selten, gewöhnlich als Nachzuchten (mit obligater CITES-Bescheinigung) in den Handel, und das zu Preisen, die in keinem Verhältnis zur Größe der Tierchen stehen.

Am häufigsten trifft man wahrscheinlich den leicht zu züchtenden **Goldbaumsteiger** *(Dendrobates auratus)* aus Mittelamerika an, der immerhin 3–4 cm mißt und so variabel gefärbt und gemustert ist, daß eine vereinheitlichende Beschreibung schier unmöglich ist. Man muß ihn einfach gesehen haben! Da die Pflege und Zucht des Goldbaumsteigers und seiner Verwandten recht aufwendig sind und das Studium einschlägiger Fachliteratur voraussetzen, kann ich mich hier auf ein paar allgemeine Angaben beschränken. Dann können Sie selbst entscheiden, ob Sie sich mit diesen kostbaren und kostspieligen Fröschlein einlassen wollen.

Die Baumsteiger brauchen auf jeden Fall ein geheiztes und gut bepflanztes »Regenwaldterrarium« mit einem kleinen Wasserteil und einer Spezialbeleuchtung. Tagsüber sind konstante Temperaturen von 25–30 °C erfor-

Winzige Baumsteiger- oder Farbfrösche bevölkern in unvorstellbarer Artenfülle und phantastischer Farbenvielfalt die Regenwälder Mittel- und Südamerikas. Es sind ausgesprochene »Giftzwerge«, denn sie verfügen über ein starkes Hautgift, das von den Eingeborenen als Pfeilgift genutzt wird. Die meisten Arten, auch der Goldbaumsteiger, sind ungeheuer variabel gefärbt und gezeichnet.

Dieser Blaue Baumsteigerfrosch gleicht einem niedlichen Porzellanfigürchen, aber wegen seiner giftigen Haut sollte man sich hüten, ihn anzufassen.

derlich; nachts dürfen sie leicht abfallen. Ebenso lebensnotwendig ist eine sehr hohe Luftfeuchtigkeit (um 90 %), die nur durch häufiges Zerstäuben von angewärmtem Wasser zu erreichen ist. Als Futter eignen sich kleinere Insekten aller Art mit Vitamin- und Kalkbeigaben. Beim Umgang mit den Fröschen ist außerdem große Vorsicht geboten. Man sollte sie möglichst nicht anfassen, denn wenn ihr Gift in die Blutbahn gelangt oder mit Schleimhäuten in Berührung kommt, können Kreislaufbeschwerden oder Krämpfe die Folge sein.

Kröten

Warum die meisten Froschlurche als Frösche und viele andere als Kröten bezeichnet werden und warum eine Gruppe sogar den Namen Krötenfrösche trägt, ist dem Nichtzoologen unerfindlich und wohl auch ziemlich egal. Warum jedoch die Kröten einen so schlechten Ruf haben und ihren urdeutschen Namen oft für ein übles Schimpfwort hergeben müssen, glauben wir leicht erklären zu können – einerseits mit der vermeintlichen »Häßlichkeit« dieser Tiere und andererseits auch damit, daß ihre warzige, drüsenreiche Haut ein giftiges, aber für den Menschen ungefährliches Sekret ausscheidet. Dieses Gift erfüllt aber in der Natur eine lebenswichtige Aufgabe, denn es ist die einzige Abschreckungswaffe der bedächtigen, behäbigen Kröten, die sich ihren Feinden nicht wie die meisten Frösche durch rasante Sprünge entziehen können.

Unsere heimischen Krötenarten, die den unvoreingenommenen Betrachter durch ihr liebenswürdiges, zutrau-

Die amerikanische Agakröte gehört zu den Riesen unter den Froschlurchen. Mit ihrem breiten Maul kann sie sogar eine lebende Maus verschlingen; doch wir füttern sie lieber mit großen Insekten, Würmern und Fleischstückchen.

liches Wesen und ihre wunderschönen, intelligent blickenden Augen zu bezaubern vermögen, waren früher überaus beliebte Terrarientiere. Weil sie aus den bekannten Gründen heute für die Liebhaberhaltung ausscheiden, begnüge ich mich damit, 2 interessante exotische Alternativen vorzustellen, die zu den Riesen unter den Froschlurchen zählen.

Die **Agakröte** *(Bufo marinus),* die wie alle Echten Kröten der Familie Bufonidae angehört, ist vom Süden Nordamerikas bis hinunter nach Patagonien weit verbreitet, wurde aber wegen ihrer hervorragenden Leistungen in der Schädlingsbekämpfung auch in einigen anderen Weltgegenden eingebürgert. Sie wird gut 20 cm lang und hat eine bräunliche Grundfarbe, oft mit dunklerer oder hellerer Fleckenzeichnung. Wegen ihres stattlichen Formats benötigt sie ein großes Terrarium, das nicht allzu hoch sein muß, da sie fürs Klettern und Springen nicht viel übrighat. Ein lockerer, mit viel Torf vermischter und stets feucht zu haltender Bodengrund, in dem die Kröten gern graben und wühlen, ein Wasserbecken und als Unterschlupf geeignete Astknorren, Steine oder halbröhrenförmige Korkrindenstücke bilden die Inneneinrichtung. Mit Pflanzen hat man bei den kräftigen, grabfreudigen Tieren wenig Glück, allenfalls mit robusten Topfpflanzen, die leicht ausgewechselt werden können. Agakröten lieben den Halbschatten und Boden-, Wasser- und Lufttemperaturen um 25 °C, die bei einem warmen Standort mit einem Punktstrahler zu erzielen sind. Damit das Terrarium tagsüber nicht zu trist wirkt und eine etwaige Be-

Noch etwas größer als die Agakröte wird die ebenfalls in der Neuen Welt beheimatete Blombergkröte, die fast 3 Pfund auf die Waage bringt. Wegen ihres großen Formats und ihres hohen Preises kommt sie nur für fortgeschrittene Terrarianer oder Spezialisten in Betracht.

pflanzung nicht verkümmert, empfiehlt sich die Installation einer Leuchtstoffröhre, die nachts ausgeschaltet wird.
Am Tage halten sich die dämmerungsaktiven Insassen meist in einem Versteck auf, doch am Abend werden sie munter und suchen nach Futter. Man reicht ihnen größere Insekten, Würmer und, wenn man mag, sogar nestjunge Mäuse. Eine gut eingewöhnte Aga frißt ihrem Betreuer aus der Hand, sofern diese appetitliche Fleischstückchen bereithält. Nach der Beschäftigung mit seinen Pfleglingen sollte man wegen des vor allem in den Ohrendrüsen enthaltenen Gifts das Händewaschen nicht vergessen!
Ähnlich in ihrer Lebensweise und ähnlich zu pflegen ist die **Blombergkröte** oder **Kolumbianische Riesenkröte** *(Bufo blombergi)*, die ebenfalls aus Mittelamerika stammt. Die Art wurde erst 1951 für die Wissenschaft – und die Terraristik – entdeckt, obwohl man meinen möchte, dieser 20–25 cm lange und fast 3 Pfund schwere Koloß wäre kaum zu übersehen gewesen. Aber er führt nun einmal ein heimliches Leben in entlegenen feuchten Waldregionen. Die Haltung der spektakulären Tiere mit ihrer rehbraunen, gar nicht krötenhaften glatten Haut ist auch dem Anfänger möglich, bleibt aber dem Kenner vorbehalten, der unbedingt eine Nachzucht anstreben sollte. Die Art ist zwar in den WA-Listen nicht eigens aufgeführt, gilt aber als gefährdet und steht obendrein hoch im Preis.

Unken

Bleiben noch die Unken, die innerhalb der Familie Scheibenzüngler (Discoglossidae) in der Gattung *Bombina* zusammengefaßt werden. Unter den Terrarianern haben diese drolligen kleine Froschlurche mit dem grellbunten Gewand seit jeher viele Freunde, die naturgemäß sehr enttäuscht waren, als die heimischen Arten unter generellem Schutz gestellt wurden. Inzwischen haben sie jedoch eine reizvolle Ausweichmöglichkeit in Gestalt der **Chinesischen Rotbauchunke** *(Bombina orientalis)* entdeckt, die in der Bundesartenschutzverordnung ausdrücklich vom »Vermarktungsverbot« ausgenommen wird.

Der große Verbreitungsraum dieser Art erstreckt sich von Ostsibirien bis Korea. Das hübsche Tierchen, das nur etwa 5 cm mißt, ist auf der Oberseite grün-braun-schwarz und auf der noch aparteren Unterseite rot und schwarz gefleckt, also mindestens so farbenfroh wie die europäische **Rotbauchunke** *(Bombina bombina)*.

Selbst ein Anfänger kann die Tiere – man erwerbe möglichst mehrere Exemplare, die ja recht preiswert zu haben sind – in einem einfachen, gut abgedeckten Aquarium jahrelang gesund und munter erhalten. Es wird mit Wasserpest, Vallisnerien oder ähnlichen hochwachsenden Aquarienpflanzen bepflanzt und mit einer Zierkork- oder Steininsel ausgestattet. Wenn das Becken an einem warmen, hellen Platz steht, braucht man weder Beleuchtung noch Heizung; sonst genügen eine Leuchtstoffröhre und ein Thermostatheizer, der auf etwa 22–24 °C eingestellt wird. Versorgt werden die ziemlich gefräßigen und futterneidischen Tiere mit dem üblichen Lebendfutter (Insekten, Würmer, Tubefex usw.), aber sie nehmen auch Fisch- und Fleischhäppchen von der Futternadel oder -pinzette an. Von Hause aus sind alle Unken etwas scheue und vorsichtige Wesen, doch bei liebevoller Betreuung gibt sich das sehr bald.

Eine merkwürdige angeborene Verhaltensform behalten die wehrlosen Tiere jedoch bei: Droht ihnen an Land oder auf einer festen Unterlage eine echte oder vermeintliche Gefahr, wird der sogenannte Unkenreflex ausgelöst: Die Unke dreht sich blitzschnell auf den Rücken, legt die Gliedmaßen an und zeigt in dieser Warnstellung die Schockfarben ihrer Bauchseite. Die meisten Freßfeinde fallen auf diesen Trick herein – auf uns Menschen wirkt er eher rührend und komisch.

Als »Ersatz« für unsere geschützte heimische Rotbauchunke wird neuerdings immer häufiger diese Chinesische Rotbauchunke angeboten. Selbst ein Anfänger kann sie in einem bepflanzten Aquarium ohne Probleme jahrelang pflegen.

Die Gottesanbeterin ist, menschlich gesehen, ein scheinheiliges Wesen. Mit ihren kräftigen Fangarmen, die sie in Lauerstellung wie eine Beterin zum Himmel erhebt, packt sie blitzschnell ihre Beute, und sie schreckt nicht einmal davor zurück, ihren viel kleineren Geschlechtspartner noch während des Liebesakts zu verspeisen.

Wirbellose Tiere

Vorbemerkungen

Als Wirbellose werden alle tierischen Lebewesen bezeichnet, die keine Wirbelsäule bzw. Rückensaite besitzen. Diese knappe Definition ist zwar korrekt, verrät aber nichts über die unermeßliche Formenvielfalt und den enormen Artenreichtum, die sich hinter den dürren Worten verbergen. Allein die Zahl der Insektenarten beläuft sich auf fast eine Million und macht etwa 80 Prozent aller rezenten (heute lebenden) Tierarten aus!

In der Terraristik gewinnt die Pflege von Wirbellosen zunehmend an Bedeutung. Das liegt vor allem daran, daß das einst sehr umfangreiche Angebot an Reptilien und Amphibien durch nationale und internationale Artenschutzbestimmungen immer mehr eingeschränkt worden ist, aber wohl auch an dem wachsenden Interesse der Amateurzoologen für ungewöhnliche und früher mißachtete Tierformen. Viele Terrarianer haben entdeckt, daß beispielsweise die Heuschrecken, Grillen und Heimchen, die sie als Futtertiere kaufen oder züchten und ihren »höheren« Terrarientieren unbekümmert zum Fraß vorwerfen, faszinierende Geschöpfe sind, deren Pflege und Beobachtung einen Wert an sich darstellen können. Das ist, meine ich, eine durchaus erfreuliche Entwicklung.

Gefördert wurde diese Entwicklung zweifellos durch die moderne Fototechnik: Vor allem die phantastischen Makroaufnahmen in Zeitschriften und im Fernsehen haben uns die Augen geöffnet für die Wunder der Klein- und Kleinsttierwelt. Mit einemmal stellen wir erstaunt fest, daß eine gewöhnliche Stubenfliege oder Kreuzspinne auf ihre Art ein genauso komplexes und raffiniert ausgestattetes Lebewesen ist wie etwa ein Leguan oder ein Kanarienvogel. Zwar möchten wir die kleinen Krabbeltiere nicht ständig als riesenhaft vergrößerte Monster vor Augen haben, aber etwas genauer sollten wir sie uns schon anschauen. Deshalb gehört eine gute Lupe, möglichst eine Lichtlupe, zur Grundausstattung eines jeden Tierfreundes, der sich intensiver mit Wirbellosen Tieren befassen möchte.

Insekten

Insekten, zu deutsch Kerbtiere oder Kerfe, sind allgegenwärtig. Wir begegnen ihnen Tag für Tag und empfinden sie zumeist als banal und unansehnlich oder gar als lästig und ekelhaft. Manche sind unbestritten arge »Schädlinge«, die wir kurzerhand totschlagen oder mit chemischen Waffen ausrotten. Nur selten machen wir uns bewußt, daß auch Insekten attraktiv und originell sein können, nicht

Wanderheuschrecken sind beliebte Futtertiere für Reptilien und Amphibien, aber man kann sie auch um ihrer selbst willen in einem Insektarium pflegen und beobachten.

nur in ihrem Erscheinungsbild, sondern auch in ihrem instinktgesteuerten Verhalten. Durch den praktischen Umgang mit solchen scheinbar unscheinbaren Lebewesen bekommen wir wenigstens eine Ahnung von der ungeheuren Gestaltenvielfalt, welche die Natur aus den drei Grundbestandteilen des Insektenkörpers – Kopf, Brust (Thorax) und Hinterleib (Abdomen) – hervorgebracht hat.

Die Pflege von Insekten in der Wohnung ist denkbar einfach. Ein geeignetes kleines Terrarium, das in diesem speziellen Fall als Insektarium bezeichnet wird, kann man in Form eines leichten Kunststoffgehäuses im Zoogeschäft kaufen oder aus ein paar Brettchen und etwas Fliegendraht oder Gaze selber basteln. Die Abmessungen des Behälters richten sich natürlich nach der Größe der Insassen, doch in der Regel genügen 20–30 cm für Länge, Breite und Höhe. Eine Bodenschicht aus Sand oder Erde sowie ein oder zwei auswechselbare Zweige oder Pflanzenstengel, die meist zugleich das Standardfutter liefern, ergeben die bescheidene Inneneinrichtung. Sie sollte nicht zu üppig sein, weil wir sonst die kleinen Bewohner kaum noch zu Gesicht bekommen.

Angefangen hat die Insektenliebhaberei schon ziemlich früh mit fremdländischen Arten, die zwar als Futtertiere herhalten mußten, aber zugleich durch ihre Größe oder bizarre Körperform auffielen. Die Wandlung vom Futter- zum Terrarientier liegt bei den stattlichen Wanderheuschrecken sicher am nächsten, denn diese Tiere werden als Lebendfutter für verschiedene Heimtiere massenhaft gezüchtet und sind deshalb in fast jedem Zoogeschäft zu bekommen. Überwiegend handelt es sich um die eigentliche **Wanderheuschrecke** (*Locusta migratoria*) aus Südosteuropa oder die **Ägyptische Wanderheuschrecke** *(Schistocerca peregrina)*. Die beiden Arten sind einander sehr ähnlich, etwa 4–5 cm lang und überwiegend braun-gelblich gefärbt. Gefüttert werden sie mit frischem Grünzeug (Gras, Löwenzahn, Salat, Baumblätter usw.) und mit Haferflocken, Weizenkleie und Obststückchen. Zum Wohlbefinden der sonst anspruchslosen Heuschrecken tragen hohe Haltungstemperaturen (um 30 °C) bei, die man durch eine eingehängte Glühlampe oder noch einfacher durch einen Heizkörper erzielt, auf dem das Insektarium untergebracht wird.

Entfernte exotische Verwandte dieser typischen Heuschrecken sind die Gespenstschrecken oder -heuschrecken, die im zoologischen System als eigene Ordnung (Phasmida) abgegrenzt werden. Eindrucksvoll sind nicht nur ihre Körpermaße (vereinzelt bis 35 cm), sondern auch ihre Formen und Farben: die wohl perfektesten Tarntrachten in der gesamten Insektenwelt. Die Stabheuschrecken ahmen auf verblüffende Weise dünne Ästchen nach, die Wandelnden Blätter gleichen bis in winzige Details grünen, angewelkten oder braun verfärbten Blättern. Wenn diese Gespenstheuschrecken, die im übrigen nichts Gespenstisches oder gar Bösartiges an sich haben, reglos im Gezweig oder Laubwerk sitzen, verschmelzen sie so vollkommen mit ih-

Diese im Gezweig gut getarnte Stab(heu)schrecke trägt den seltsamen wissenschaftlichen Namen *Bacillus rossii*.

Zart und zerbrechlich wirkt diese Gespenst(heu)schrecke. Die Weibchen lassen ihre Eier (unten) auf den Boden fallen.

rer Umgebung, daß sie praktisch unsichtbar sind.

Von den rund 2000, durchweg tropischen Vertretern der Ordnung können verschiedene Arten ohne Schwierigkeiten in einem angemessen großen Insektarium mit Sandboden gepflegt werden. Das »Ausgangsmaterial« – Zuchtansätze oder Vollinsekten – erhält man in spezialisierten Zoohandlungen, bei Versandfirmen oder auf Insektenausstellungen oder -börsen, die in manchen größeren Städten stattfinden. Am häufigsten wird wohl die 7–8 cm lange **Indische** oder **Gewöhnliche Stabheuschrecke** *(Carausius morosus)* angeboten, ein traditionsreiches Laboratoriums- und Terrarientier. Sie liebt ein warmes (um 25 °C) und mäßig feuchtes Milieu und ernährt sich von vielerlei Pflanzenblättern (Brombeere, Himbeere, Liguster, Linde, Taubnessel, Efeu, Tradescantie usw.). Die Art, bei der die Weibchen in erdrückender Überzahl sind, pflanzt sich durch Jungfernzeugung (Parthenogenese) fort, also ohne Zutun der kleineren Männchen. Die früh geschlechtsreifen Weibchen lassen im Laufe ihres etwa einjährigen Lebens regelmäßig genügend Eier auf den Boden fallen, so daß für Nachwuchs stets gesorgt ist.

Ein Mittelding zwischen Stab- und Blattimitator ist die **Australische Gespenstheuschrecke** *(Extatosoma tiaratum)*, deren federleichter, zerbrechlich wirkender bräunlicher Körper gut 10 cm mißt und durch dorn- und lappenförmige Anhänge ein leicht groteskes Aussehen erhält. Ihre Leibspeise sind anscheinend Brombeerblätter, doch man kann es auch mit Erdbeer- und Himbeerblättern versuchen. Bei viel Wärme und einer relativ hohen Luftfeuchtigkeit fühlen sich die zarten, bedächtigen Wesen am wohlsten.

Wer ein echtes **Wandelndes Blatt** sucht, muß sich an die Gattung *Phyllium* halten, die nur wenige sehr ähnliche Arten umfaßt. Die gängigste Art, *Phyllium bioculatum* aus Südostasien, hat einen 7–8 cm langen, extrem abgeflachten Körper, der die Umrisse und sogar die feine Äderung eines Baumblatts aufweist. Wandelnde Blätter stellen ähnliche Haltungsansprüche wie ihre vorgenannten Verwandten.

Ungemein faszinierende Insekten sind die Fang(heu)schrecken der Ordnung Mantodea, die trotz ihres Namens nicht mit den Heuschrecken verwandt sind, sondern den Schaben und Termiten näherstehen. Die **Gottesanbeterin** *(Mantis religiosa)* aus Südeuropa und dem äußersten Süden Mitteleuropas ist die hierzulande bekannteste Vertreterin dieser Ordnung. Der fromme deutsche und lateinische Artname täuscht über das mörderische Wesen der Trägerin hinweg. Wenn die 5–7 cm lange grünberockte Jägerin wie erstarrt im Gebüsch sitzt und die kräftigen Vorderbeine erhebt, sieht das zwar so aus, als bete sie zum Himmel, aber in Wahrheit lauert sie nur auf Beute, die sie mit diesen dornenbewehrten Fangarmen blitzschnell packt und anschließend genüßlich verzehrt. Die scheinheiligen Gottesanbeterinnen schrecken selbst vor Kannibalismus nicht zurück: Beim Liebesakt verspeist das Weibchen in der Regel den Partner, der buchstäblich seinen Kopf verliert, während sein Unterleib die Begattung fortsetzt. Und auch die Larven, die sich nach dem Schlüpfen wohlweislich zerstreuen, fressen sich gegenseitig auf, wenn sie sich zufällig zu nahe kommen.

Eine Gottesanbeterin (Einzahl!) wird bei Zimmertemperaturen und normaler Luftfeuchtigkeit an einem mög-

Auf diesem Suchbild muß man schon genau hinschauen, wenn man das Wandelnde Blatt entdecken will. Diese Insekten beherrschen die Kunst der Tarnung und Täuschung meisterhaft.

Die Gottesanbeterin hat eine Heuschrecke gefangen. Sie hält die Beute mit den dornenbewehrten Fangarmen fest, um sie genüßlich zu verzehren.

lichst hellen, sonnigen Standort gepflegt, und zwar in einem einfachen Behälter, der mit Kletterästen oder ein paar Pflanzen ausgestattet ist. Als Bodenbelag genügt ein Filterpapier, das hin und wieder leicht eingesprüht wird. Als Futter serviert man reichlich lebende Insekten (Fliegen, Heuschrecken, Raupen usw.).

Die europäische Gottesanbeterin ist freilich nicht leicht zu bekommen, da sie auf der WA-Liste steht. Doch sie hat mehrere exotische Verwandte, die ihr äußerlich und verhaltensmäßig ähneln und gelegentlich für Terrarienzwecke importiert werden.

Das Riesenheer der Insekten eröffnet dem Liebhaber über das beschriebene Standardrepertoire hinaus noch viele Möglichkeiten. Man kann sich beispielsweise ein paar x-beliebige Käfer oder andere Insekten ins Haus holen und in einem kleinen Insektarium eine Weile beobachten, um sie besser kennenzulernen. Danach werden sie in ihrem angestammten Biotop wieder freigelassen. Oder man setzt mehrere Raupen (z. B. vom Kohlweißling, Kleinen Fuchs oder Tagpfauenauge), die man im Garten oder Freiland entdeckt hat, mitsamt den dazugehörigen frischen Futterpflanzen in einen größeren, luftigen Behälter und kann dann, wenn man Glück hat, unmittelbar miterleben, wie aus den Raupen Puppen und aus den Puppen fertige Schmetterlinge hervorgehen, die sehr bald in die Freiheit entlassen werden.

Ich kann hier nur Anregungen geben – alles Weitere sei der Phantasie und dem praktischen Verstand des Tierfreundes überlassen, der sich vor der Einrichtung eines »Teilzeitinsektariums« selbstverständlich in der Fachliteratur sorgfältig über die Lebensgewohnheiten und -ansprüche der potentiellen Pfleglinge informieren sollte. Denn auch die kleinsten und gewöhnlichsten Lebewesen haben ein Recht auf Leben! Und diesem Grundsatz trägt auch vermehrt der Gesetzgeber Rechnung. Viele Insekten genießen heute besonderen Schutz; in Deutschland z. B. alle Libellen und viele Schmetterlinge. Solche Arten dürfen nicht mehr der Natur entnommen und in Terrarien bzw. Insektarien gehalten werden. Wer sich aber diesem Hobby widmen möchte, sollte sich vorher bei der für seinen Kreis zuständigen Unteren Naturschutzbehörde erkundigen, welche Arten geschützt sind.

Spinnen, Schnecken und andere

Was ich über Insekten gesagt habe, gilt grundsätzlich auch für **Spinnen**. Viele Leute machten ohnehin keinen großen Unterschied zwischen diesen beiden Tiergruppen, höchstens den, daß sie sich vor Spinnen noch mehr ekeln als vor Insekten. Es gibt jedoch viel zuverlässigere Unterscheidungsmerkmale, die äußerlich leicht zu erkennen sind: Bei den Insekten besteht der Körper aus 3, bei den Spinnen aus nur 2 Abschnitten (miteinander verwachsener Kopf-Brust-Teil und Hinterleib), und Insekten haben 3, Spinnen dagegen 4 Beinpaare, die außerdem stets vom vorderen Körperteil ausgehen.

Die weitverbreitete Arachnophobie, wie die Angst vor Spinnen mit einem vornehmen Fremdwort umschrieben wird, ist im übrigen völlig unbegründet, weil Spinnen, zumindest unsere gängigen heimischen Arten, erstens durchweg nützliche Tiere sind und zweitens keinem Menschen etwas zuleite tun – im Gegensatz zu manchen Insekten, die unangenehm stechen, beißen oder zwicken können. Und sie läßt sich am ehesten überwinden, wenn man sich vorurteilsfreier mit Spinnen beschäftigt und zum Beispiel das eine oder andere Exemplar in einem schlichten Behälter, ausgestattet mit ein paar Zweigen, eine Zeitlang beim Beutefang und -verzehr, beim Fortpflanzungsverhalten oder beim Netzbau beobachtet. Geeignete Beobachtungsobjekte finden wir mühelos fast überall, im Haus, im Garten, in Feld, Wald und Wiese. Es gibt in unserer Umwelt viel mehr Spinnenarten, als wir gemeinhin vermuten. Kreuzspinnen, Hausspinnen und Weberknechte kennt wohl jeder, doch es lohnt sich, auch deren weitläufige Verwandtschaft näher kennenzulernen. Mit Hilfe eines guten Bestimmungsbuches ist es relativ einfach, viele Arten einwandfrei zu identifizieren.

Die weltweit verbreitete Klasse Spinnentiere (Arachnida) ist ungeheuer vielgestaltig und umfaßt mehr als 30 000 Arten. Für zwei exotische Gruppen zeigen neuerdings viele Terrarianer eine besondere Vorliebe: Skorpione und Vogelspinnen. Ob hier immer eine echte tierpflegerische Einstellung oder eine leicht perverse Lust an Grusel- und Schockeffekten im Spiele ist, sei dahingestellt. Jedenfalls bezeugt beispielsweise die Angebotsliste eines Spezialversandhauses, in der Skorpion- und Vogelspinnenarten gleich dutzendfach aufgeführt sind, diesen modischen Trend, dem man nicht unbedingt folgen muß. Eine grundsätzliche Warnung ist darum vorweg angezeigt: Alle Skorpione und Vogelspinnen sind giftig und für Anfänger kaum oder gar nicht geeignet. Die Giftwirkung wird zwar aus Sensationshascherei oft stark übertrieben, aber sehr unangenehm bis gefährlich ist sie in jedem Fall.

Die **Skorpione** (Ordnung Scorpiones) sind am Ende des langen, dünnen und sehr beweglichen Hinterleibs mit einem Giftstachel bewehrt, der zum Töten von Beutetieren und auch zur Verteidigung eingesetzt wird. Obendrein sind die düster gefärbten Tiere mit den beinartig vergrößerten, scherentragenden Kiefertastern nicht gerade schön, und zum Verdruß des Betrachters verstecken sie sich tagsüber meist in Spalten oder unter Blättern oder Steinen. Das Reizvolle an ihnen ist ihr hochinteressantes Balz- und Brutpflegeverhalten: Männchen und Weibchen führen beim Vorspiel zur Samenübergabe einen graziösen Tanz auf, und die Nachkommen steigen nach der Geburt auf den Rücken der Mutter und werden von ihr längere Zeit huckepack umhergetragen.

Wer Skorpione pflegen will, sollte weniger nach bestimmten Arten fragen, denn gerade hier sind Namen oft Schall und Rauch und vielfach gar nicht oder unvollständig oder falsch angegeben, sondern vielmehr nach dem Giftigkeitsgrad und den Haltungsbedingungen der Tiere. In der Regel hält man sie in einem sicher verschließbaren trockenen Behälter mit Sand- oder Kiesboden und genügend Versteckmöglichkeiten. Die lichtscheuen Gesellen mögen keine direkte Sonneneinstrahlung und keine zu hohen Temperaturen. Als Futter kommen vor allem lebende Insekten, Spinnen und Asseln in Betracht.

Ähnliche Ansprüche stellen die **Vogelspinnen** (Familie Aviculariidae aus der Ordnung Echte Spinnen, Araneae), die so heißen, weil sie sich angeblich vorwiegend von Vögeln

Skorpione (auf dem Foto der Feldskorpion, *Buthus occitanus*) sind nicht jedermanns Sache. Sie besitzen einen gefährlichen Giftstachel und sind nicht besonders schön, zeigen aber ein faszinierendes Paarungs- und Brutpflegeverhalten.

ernähren, was sich jedoch inzwischen als Legende entpuppt hat. Von den rund 600 Arten, die fast ausschließlich in den Tropen leben, werden einige bis 10 cm lang und halten damit den Größenrekord unter den Spinnentieren. Gerade die ungewöhnlichen Körpermaße machen für viele Liebhaber die spektakuläre Attraktivität dieser zottig behaarten Superspinnen aus, die man gerne auf Händen und Armen oder gar im Gesicht umherspazieren läßt, um zu demonstrieren, daß sie harmlose Schmusetiere sind. Tatsächlich können liebevoll gepflegte – und wohlgenährte – Vogelspinnen offensichtlich recht zutraulich werden und eine gewisse »persönliche« Beziehung zu ihrem Pfleger herstellen.

Aber völlig ungefährlich ist der Umgang mit ihnen dennoch nicht, denn sie besitzen in ihren nadelspitzen Mundwerkzeugen eine wirksame Giftwaffe, die sogar kleine Säugetiere töten und beim Menschen vorübergehend schmerzhafte Entzündungen und Lähmungserscheinungen hervorrufen kann. Es gilt jedoch als erwiesen, daß noch kein einziger Mensch am Biß einer Vogelspinne gestorben ist. Kaum weniger unangenehm sind die mit mikroskopisch feinen Widerhäkchen versehenen Haare vieler Vogelspinnenarten: Sie brechen leicht ab oder werden gar mit einer raschen Bewegung der Hinterbeine gezielt abgestreift und einem Angreifer entgegengeschleudert. Auf der Haut und insbesondere in den Augen und Atemwegen können diese Spinnenhaare Entzündungen und einen monatelang andauernden heftigen Juckreiz auslösen.

Vogelspinnen (hier *Brachypelma smithii*) sind wegen ihrer Größe, ihrer dichten Behaarung und ihrer – meist stark überschätzten – Giftigkeit spektakuläre Heimtiere, die ein Alter von 10–20 Jahren erreichen können.

Beim Anblick einer großen Vogelspinne (hier *Xenesthis* sp.) läuft es den meisten Menschen kalt über den Rücken, aber die meisten Arten sind mehr oder weniger harmlos und werden sogar erstaunlich zutraulich.

Vogelspinnen sind wie ihre fernen Verwandten, die Skorpione, dämmerungs- und nachtaktiv, und außerdem ziemlich träge. Sie lauern in ihrem Unterschlupf, einer vorgefundenen Spalte, einer selbstgegrabenen Höhle oder einer selbstgesponnenen Wohnröhre, auf vorüberkommende Beute (Insekten, Asseln, Tausendfüßer usw.). Der künstliche Lebensraum der ansonsten genügsamen und sehr ausdauernden Tiere sollte durch einen dicken Belag aus einem Sand-Torf-Gemisch, Rindenstücke, Steine und einen dicken Kletterast reich strukturiert sein und, je nach Herkunft der Art, mehr oder weniger warm und feucht gehalten werden.

Apropos Gifttiere: Es gibt noch eine weitere Gruppe von giftigen Wirbellosen, die von Spezialisten oder Kuriositätenliebhabern gelegentlich gepflegt werden, die ich aber nur der Vollständigkeit halber erwähnen möchte. Gemeint sind die **Skolopender** oder **Riesenläufer** aus der Klasse Myriopoda (Tausendfüßer), Unterklasse Chilopoda (Hundertfüßer) – stark vergrößerte exotische Verwandte unserer unscheinbaren heimischen Hundertfüßer (Erd- und Steinläufer). Sie haben freilich weder 1000 noch 100, aber jedenfalls sehr viele Füße und einen langgestreckten, gleichmäßig gegliederten und geschmeidigen Rumpf, der eine Länge von etwa 10–26 cm erreicht. Man hält diese merkwürdigen Tiere, die uns durch ihre schiere Körpergröße beeindrucken und mit ihren kraftvollen Mundwerkzeugen ein starkes Gift verspritzen können, am besten in einem gut abgedeckten kleinen Glas- oder Kunststoffaquarium mit einer dicken, lockeren und stets feuchten Bodenschicht und füttert sie mit Regenwürmern, Asseln, Schnecken und anderem Kleingetier, das sich nicht zu schnell fortbewegt.

Sympathischere und obendrein hübsche und interessante Geschöpfe sind dagegen die **Schnecken** (Klasse Gastropoda) vom überaus artenreichen Stamm der Weichtiere oder Mollusken (Mollusca). Ich meine damit in erster Linie die schlichten, bescheidenen Nackt- und Gehäuseschnecken unserer Heimat, die wir so oft einfach zertreten oder als Gartenschädlinge – meist vergebens – mit allen Mitteln bekämpfen. Von einem Spaziergang kann man ein paar dieser Tierchen mit heimbringen, in ein mit Pflanzenmaterial ausgestattetes Becken setzen und einige Zeit beobachten. Hier leistet eine Lichtlupe hervorragende Dienste. Mit ihrer Hilfe können wir fasziniert zusehen, wie zum Beispiel die **Großen Roten Wegschnecken** *(Arion rufus)* oder die **Großen Egelschnecken** *(Limax maximus)* auf ihrer Schleimspur gemächlich dahingleiten und ihre »Hörner«, die Fühler, wie Antennen einziehen und ausfahren oder wie wunderschön und zugleich variabel die kugeligen Häuser der **Hainbänderschnecke** *(Cepaea nemoralis)* und der **Gartenbänderschnecke** *(Cepaea hortensis)* gebaut und gefärbt sind.

Die beiden letztgenannten Arten gehören der Familie Schnirkelschnecken (Helicidae) an, ebenso wie ihre größere Verwandte,

Selbst unscheinbare und oft mißachtete Alltagstiere wie diese Große Rote Wegschnecke geben interessante Pfleglinge ab, deren Lebensäußerungen man in einem schlichten Glasbehälter eine Zeitlang beobachten kann.

Die beiden Weinbergschnecken pressen bei der Paarung ihre weichen Unterseiten, die »Sohlen«, aneinander. Dabei steigern sie ihre sexuelle Erregung indem sie sich gegenseitig einen sogenannten Liebespfeil in den Körper stoßen.

die berühmte **Weinbergschnecke** *(Helix pomatia)* mit ihrem derben, bräunlichen Gehäuse, die in Mittel- und Süddeutschland nicht selten anzutreffen ist – keineswegs nur in Weinbergen. Diese Schnecken stehen zwar unter Naturschutz, dürfen aber zu bestimmten Zeiten für die Feinschmeckerküche in großen Mengen gesammelt werden. Man kann es einem Tierfreund deswegen kaum übelnehmen, wenn er zwei oder drei Exemplare vorübergehend an sich nimmt, nicht als Delikatesse für den Gaumen, sondern bloß als Augenschmaus.

Besonders sehenswert ist das Liebesleben der Weinbergschnecken. Die Tiere werden mit etwa 3 Jahren geschlechtsreif und paaren sich dann beliebig, weil sie Zwitterwesen, also männlich und weiblich zugleich sind. Beim ausgiebigen Vorspiel richten sich die Partner auf und pressen ihre Unterseiten aneinander. Dabei stoßen sie sich, um die sexuelle Erregung zu steigern, gegenseitig einen sogenannten Liebespfeil, ein dolchspitzes Kalkstäbchen, in den Leib. Nach der Begattung werden die erbsengroßen, weißlichen Eier in einem selbstgegrabenen Erdloch abgelegt, und nach knapp einem Monat schlüpfen die kleinen Jungschnecken, die bereits ein zartes, durchscheinendes Gehäuse besitzen. Wenn man etwas Glück hat, kann man den gesamten Fortpflanzungszyklus im Terrarium verfolgen. Spätestens im Herbst werden die liebenswerten Pfleglinge wieder dort ausgesetzt, wo man sie gefunden hat, damit sie sich rechtzeitig vor der verdienten Winterruhe im Boden verkriechen können.

Mit rund 400 Arten ist unsere heimische Schneckenfauna wahrlich reich genug, doch für manche Liebhaber muß es etwas Spektakuläreres, Exotisches sein. Diesen Wunsch können sie sich mit den afrikanischen Achat-

schnecken der Gattung *Achatina* erfüllen, vor allem mit der **Echten Achatschnecke** *(Achatina achatina)*, deren imposantes kegelförmiges Gehäuse über 20 cm lang und fast 10 cm breit werden kann. Das sind die größten Landschnecken überhaupt – im Meer leben allerdings noch sehr viel größere Gehäuseschnecken. Achatschnecken kommen übrigens nicht nur in Afrika vor, denn sie wurden absichtlich oder versehentlich in viele tropische Länder eingeschleppt. So sind sie mir in einer Hotelanlage auf Bali allmorgendlich auf Schritt und Tritt begegnet. Auf den Wegen krochen die Riesenschnecken so zahlreich herum, daß ich die Füße ganz vorsichtig aufsetzen mußte, um sie nicht zu zertreten. In den heißen Tagesstunden waren sie dann restlos verschwunden, was bedeutet, daß Achatschnecken dämmerungs- und nachtaktive Tiere sind.

Die leeren und blankpolierten Gehäuse sind für viele Ferntouristen begehrte Souvenirs, aber man kann auch die lebenden Tiere pflegen, die hin und wieder recht preiswert angeboten werden. Man braucht dazu allerdings ein geräumiges Terrarium mit großer Bodenfläche, weichem Untergrund und dicken Kletterästen. Der Behälter sollte an einem warmen, nicht zu hellen Platz aufgestellt werden. Die fast ein Pfund schweren Schnecken sind gefräßige Vegetarier mit einer Vorliebe für verrottende Pflanzenstoffe, aber sie verschmähen auch frisches Grünzeug nicht. Ihre artgerechte Ernährung bereitet also keine Schwierigkeiten, wohl aber zuweilen die Sauberhaltung der Schneckenbehausung, wenn sie von mehreren Exemplaren bewohnt wird. Noch viele andere Wirbellose Tiere haben Einzug in unsere Terrarien gehalten und werden im Fachhandel des öfteren angeboten, zum Beispiel

Achatschnecken sind die Riesen unter den landlebenden Gehäuseschnecken. Diese exotischen Weichtiere sind dankbare und anspruchslose, aber leider auch etwas schmuddelige Terrariengäste.

Der kleine Landeinsiedlerkrebs schleppt lebenslang ein Schneckenhaus mit sich herum, um seine weiche Hinterpartie zu schützen. Wenn ihm das Haus infolge eines Wachstumsschubs zu klein wird, muß er in ein größeres umziehen.

verschiedene kleinere Krebstiere. Dazu gehören etwa die flinken **Landkrabben** aus der Familie Gecarcinidae und die zierlichen **Süßwasserkrabben** der Gattung *Potamon*. Die ersteren dauern in einem trockenen Terrarium und die letzteren in einem Aquaterrarium bei richtiger Pflege lange aus und zeigen ein interessantes Verhalten. Kuriose Geschöpfe sind die tropischen **Landeinsiedlerkrebse** der Gattung *Coenobita*, die wie ihre bekannteren meeresbewohnenden Verwandten ständig ein Schneckenhaus mit sich herumschleppen, in dem sie ihren weichen und verwundbaren Hinterleib schützen. Man hält die anspruchslosen Gemischtköstler in einem leicht feuchten Behälter mit Sandbelag, Bodenheizung und Klettermöglichkeiten. Es ist ein faszinierender Anblick, wenn die Tiere vor allem in den Abendstunden mitsamt ihrem starren Heckpanzer eilfertig umherlaufen und -klettern. Im Terrarium müssen immer ein paar leere Schneckenhäuser bereit liegen, damit die Krebse sofort etwas Passendes finden, wenn sie (sich) umziehen müssen. Denn nach einer wachstumsbedingten Häutung kann es ihnen in ihrem Gehäuse zu eng werden, und sie sind dann gezwungen, das zu klein gewordene Schneckenhaus gegen ein etwas größeres auszutauschen.

Damit wollen wir den Rundgang durch die unteren Etagen des Tierreichs beenden und das Fazit ziehen, daß die moderne Terraristik in der Tat ein »weites Feld« ist, auf dem es noch vieles zu entdecken gibt.

Register

Für Terrarium und Aquarium

Josef Blab / Hannelore Vogel
Amphibien und Reptilien erkennen und schützen
Alle mitteleuropäischen Arten
Lurche und Kriechtiere kennenlernen: Basiswissen über Kennzeichen, Entwicklungsstadien, Lebensraumansprüche, Wanderungen, Nahrungserwerb, Angaben zu Gefährdung und Schutz, Beobachtungstips.

Detlef Schilling / Detlef Singer / Helmut Diller
Säugetiere
181 Arten Europas
Merkmale, Aussehen, Lebensraum, Lebensweise, Fortpflanzung, Verbreitung.

Siegfried Schmitz
Aquarienfische
Merkmale, Pflege, Haltung wichtiger Süßwasserarten
Aquarientypen, Einrichtung, Zubehör; über 100 Süßwasserfische für Warm- und Kaltwasser: Merkmale, Heimat, Pflege und Nahrung.

John Dawes
Das BLV Aquarienbuch
Fische · Pflanzen · Einrichtung · Technik
Für angehende Aquarianer geeignet: Auswahl, Ausstattung, Pflege und Wartung der verschiedenen Aquarientypen sowie die beliebtesten und schönsten Aquarienfische mit vielen Farbfotos und allen wissenswerten Details.

Michael Lohmann
Käfer, Libellen und andere Insekten
Häufige, auffällige und leicht zu beobachtende Insekten (ohne Schmetterlinge): rund 200 Arten in hervorragenden Farbfotos und mit umfassenden Textinformationen; mit Faltplan: alle Arten auf einen Blick, geordnet nach Ähnlichkeit.

Im BLV Verlag finden Sie Bücher zu folgenden Themen: Garten und Zimmerpflanzen • Wohnen und Gestalten • Natur • Heimtiere • Jagd • Angeln • Pferde und Reiten • Sport und Fitneß • Tauchen • Reise • Wandern, Alpinismus, Abenteuer • Essen und Trinken • Gesundheit und Wohlbefinden

BLV

Wenn Sie ausführliche Informationen wünschen, schreiben Sie bitte an:
BLV Verlagsgesellschaft mbH • Postfach 40 03 20 • 80703 München
Telefon 089/12705-0 • Telefax 089/12705-543